Andres Serrano

HOLY WORKS

TEXT BY
GERMANO CELANT

DAMIANI

mosis has been repressed. And thus the mystical and metaphysical icon is brought into contact with or immersed in the bodily liquids of life, like blood and urine: *Crucifixion*, 1987. Or the cross is turned into a block of congealed blood, *Blood Cross*, 1985. These are attempts to bring about an astonishing coincidence between mental and physical, spiritual and corporeal entities. Perhaps an anti-idolatrous aspiration, expressed by evoking the real subject of Christ's "human" sacrifice: making his blood and his urine visible. As Roger Denson lucidly puts it, "Freud's notion of sublimation, and Andres Serrano's counter-notion of de-sublimation are central to Serrano's *Piss Christ* and other artworks employing urine, blood, excrement, menses, and semen. For that matter, the very act of making art from these materials evokes the twin processes of sublimation and de-sublimation at work in all art. If sublimation is the displacement of libidinal desire and pleasure that we as a civilization socially convert and elevate into sanctioned behavior, status, and objects—a process that is both rudimentary to all human enculturation and concealed by it—then de-sublimation is the reversion of some artists back to an appreciation of the natural conditions of our own body that we enjoyed as infants

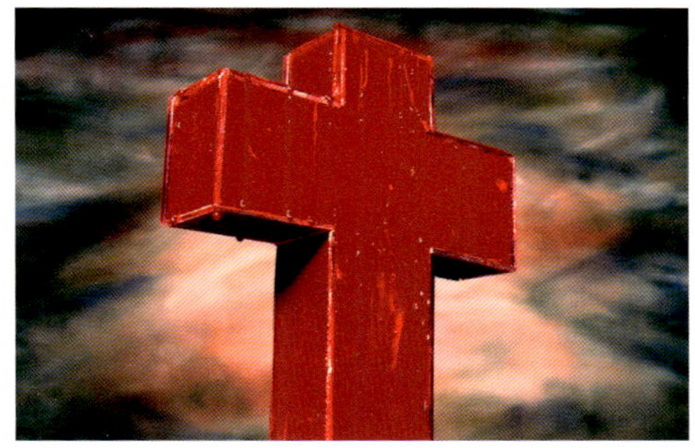

Andres Serrano, *Blood Cross*, 1985

but were interrupted by the 'reality principle' of social mores—what our parents and guardians imposed as 'right' and 'wrong.' It is artistic de-sublimations like those by Serrano that cause many in society to deem transgressive art as 'aberrant,' 'perverted,' even 'criminal' when left unchecked by socialization and its morality or ethics."[4]

The dialogue between sublimation and de-sublimation, between vital fluids and icons, is a precursor of the dualism between body and shadow, as it implies the dialectic between positive and negative, visible and repressed, extroverted and introverted, higher part and lower part, which is present in the purity of the double that forms the dialogue between solid entity and immaterial entity. Serrano is aware that the relationship between the two, their contact with one another, is at the root of his approach to sacred imagery. Only that whereas previously, in the eighties, his attention was focused on the "animated" dualism of flesh and spirit, in 2011 the silhouette, which with its black implies the dark (if not death), is the signal of a repressed content that is not just materially physical, like blood and

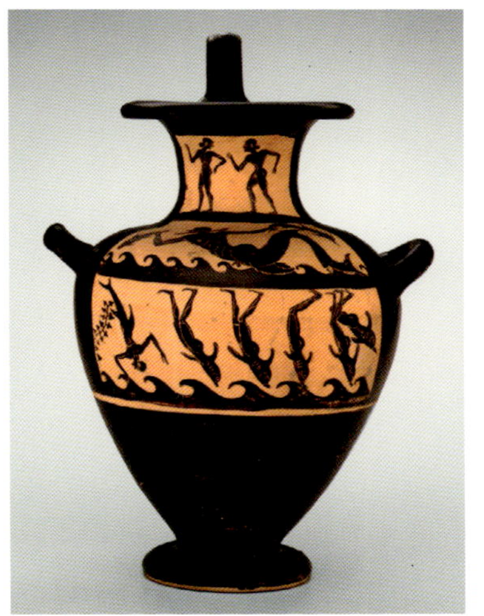

Etruscan, attributed to the Painter of Vatican 238, Kalpis (Water Jar), wheel-thrown, slip-decorated earthenware with incised details, 510–500 B.C., H (to top of handle): 20 1/2 in. (52.1 cm), Max Diam: 11 5/8 in. (29.6 cm). Toledo Museum of Art (Toledo, Ohio), Purchased with funds from the Libbey Endowment, Gift of Edward Drummond Libbey, 1982.134 Photo Credit: Tim Thayer, Oak Park, Michigan

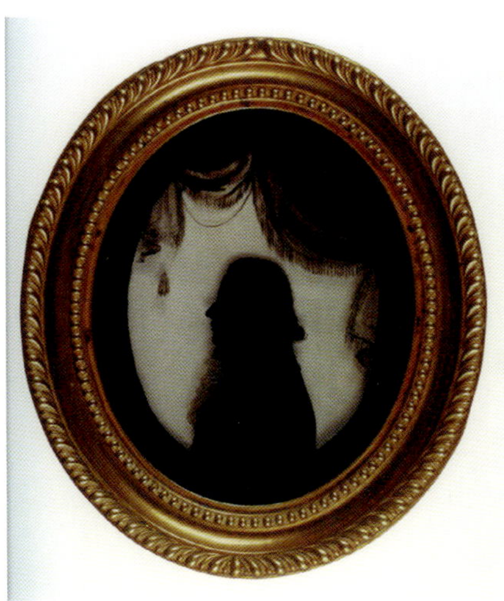

An unknown gentleman, Jacob Spornberg (1768 — after 1840) painted on the reverse of the convex glass in the Etruscan style Lidstone Collection

urine, but is something linked to more deep-seated drives. So after having begun to tackle the dark projections that link religious and pagan rituals and their priests in works like *The Grand Cardinal* (p.73) and *El Gran Cabrón* (p.75), coming to recognize the qualities devoid of substance, and therefore "unreal," deriving from celestial as well as infernal worlds, from *La Caridad del Cobre* (p.71) to *Dark Angel* (p.82), the artist rapidly moved on to the shadow of the cross and Christ. Without taking fright, he pointed out the lower and pagan personality which a sacred perspective, such as that of the tribal and ecstatic ceremonies of Voodoo and Candomblé, in Africa and Brazil, can bring, a different kind of iconographic revelation, one whose sacrificial protagonist is the serpent, incarnation of the devil: *The Snake* (p.93). If we consider in addition that the reptile, in the desert,

---

4 Roger Denson, "How Andres Serrano's *Piss Christ* Reconciles Nature and Civilization," *The Huffington Post*, April 26, 2011. At http://www.huffingtonpost.com/g-roger-denson/andres-serranos-piss-chri_b_852601.html.

heralded the advent of the Savior, with this image that is not a silhouette, but a fully illuminated piece of reality, and therefore "true," Serrano seems to want to disclose "another" value of the sacrifice on the cross. This is connected to the symbology of the creature which, as well as alluding to virginity in the cultures of Mesopotamia and Mexico, is a complementary figure of the divine phallus,[5] and as a consequence an image of temptation and sin in the religious stories of the life of Adam and Eve on earth.

This perspective is based on the negative impression of the shadow. The question put visually by Serrano is that if Christ is "the image of the unseen God," as he is described in the Jerusalem Bible, (Col. 1, 15), then what is the unseen of Christ? What aspect of his identity has been repressed and cut away? Where can his integration take place, so that the artist's gaze can acquire a cognitive and psychological maturity? What part can be taken on in such a way that it becomes "organic" and not just seem a mere addition?

If we look at the history of the iconography of Christ in an attempt to discover what is the hidden part, we will inevitably come to focus on the central part of his body, the one systematically covered by the loincloth or by a bending of the torso or the legs: the genitals. This dynamic and energetic part that constitutes the structural element of the person and of individuality is only hinted at, but never shown, as if it were a dark and negative component for the representative ritual of art. By giving his body a penis, Serrano makes it whole, and in the sequence of the triptych, in which the effigy of Christ on the Cross is photographed, the artist imparts dignity to all its components, which are unrepeatable and unique in the assumption of the sacrificed: the head in *Ecce Homo* (p.97), the penis in *Sacramentum,* and the feet which support the body, in *The Nail* (p.101). That the sexual component of Christ is a positive and energetic symbol in religious communication was amply demonstrated, in 1983, by Leo Steinberg in *The Sexuality of Christ in Renaissance Art and Modern Oblivion*"[6] where the historian retraces the stages in the development of Christian iconography from the Renaissance to the Baroque, pointing out and illustrating the various degrees of suppression due to imposition or modesty that resulted in the covering of the loins of the naked body, whether sacred or secular. The fact that Serrano calls this image "reconstructed" by using the term *sacramentum* as its title is testimony to an iconic approach that is intended to underline how the image of Christ, presented over the centuries, has been a ritual, initiated as much by art as by the Church in the representation of Christ's body. Thus an approach to it based on a method that is different in each historical period, so that the positive representation of the Infant Jesus's penis differs dramatically from the concealed, and therefore negative and sinful one of Christ on the cross. In fact the delicacy of the child's sexual organ is emphasized, as an important component of his humanity, the reason for his sacrifice on earth in the name of the divine. An ostentation that demonstrates its lack of sin and its character of energy and hope, positive and new, aspects which disappear with the sacrifice, both because of Christ's death and in relation to the unseemly and scandalous character of the genitals' presence. So Christ is

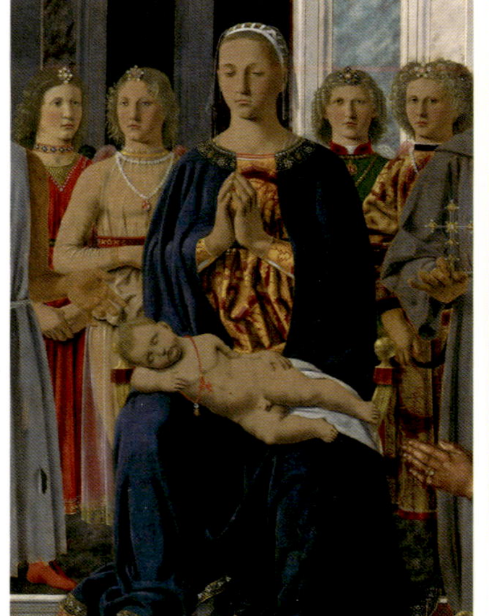

Piero della Francesca (1415/20-1492): *Madonna and Child* with Federico da Montefeltro [detail] (Brera Madonna). Milan, Pinacoteca di Brera. Tempera and oil on wood panel, 248 x 170 cm © 2011. Photo Scala, Florence - courtesy of the Ministero Beni e Att. Culturali

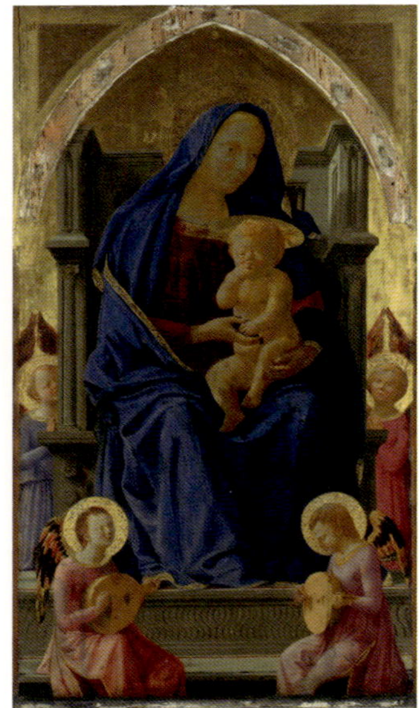

Masaccio (1401-1428): The Virgin and Child, 1426. London, National Gallery. Egg tempera on wood, 134.8 x 73.5 cm. Bought with a contribution from The Art Fund, 1916. Acc.n.: 1772 © 2011. Copyright The National Gallery, London/Scala, Florence

---

5 Michel Cazenave (ed.), *Encyclopédie des symboles*. Paris: Le Livre de Poche, 1996, pp. 622-9.
6 Leo Steinberg, *The Sexuality of Christ in Renaissance Art and Modern Oblivion*. New York: Random House, 1983.

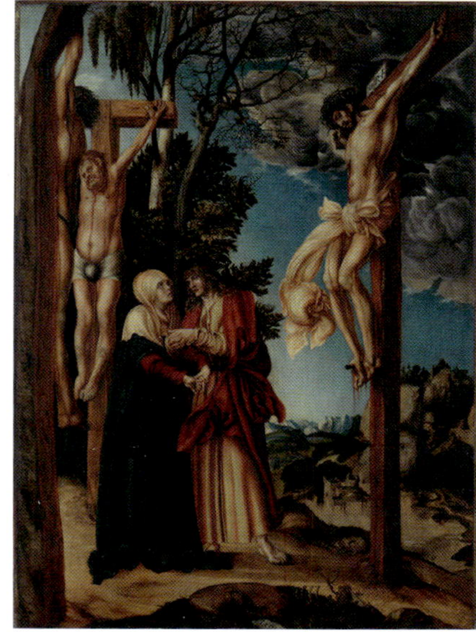

Cranach, Lucas the Elder (1472-1553): *Lamentation under the Cross*. Munich, Alte Pinakothek Muenchen, Bayerische Staatsgemaeldesammlungen. Fir wood panel (Abies sp.), 138 x 99 cm. Inv.:1416 © 2011. Photo Scala, Florence/BPK, Bildagentur fuer Kunst, Kultur und Geschichte, Berlin

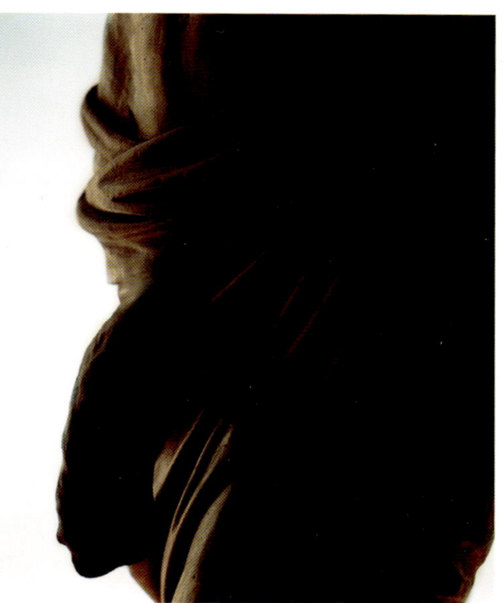

Andres Serrano, *Sacramentum*, 2011

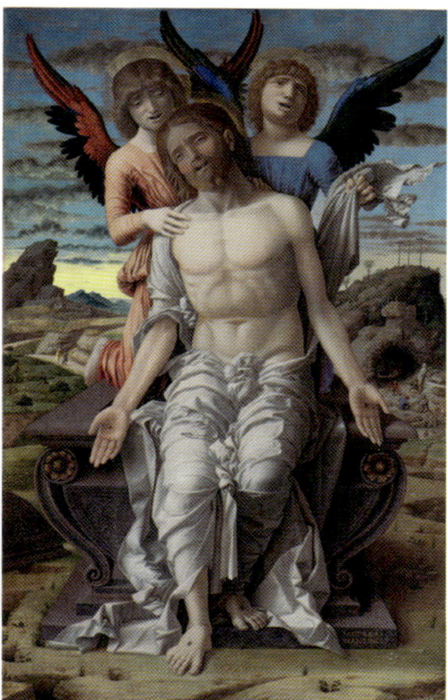

Mantegna Andrea, *Christ as the Suffering Redeemer* 1495-1500, ownership by the National Gallery of Denmark, Copenhagen, © SMK Photo

shown stripped, but his "value" is symbolically entrusted to the upper part of the body, the head in *Ecce Homo*, while the weight of the flesh is left to the lower part, where there are the feet that touched the earth, in *The Nail*. Serrano redresses this lack of a fundamental part of the being, the sexual organ, thereby joining the small band of Christian artists, from Andrea Mantegna to Lucas Cranach, from Albrecht Dürer to Hans Schäufelein, from Ludwig Krug to Maerten van Heemskerck,[7] who have given Christ an erection, even if hidden by drapery, and not been considered blasphemous and sacrilegious. In fact their representations integrated the shadow under the loincloth, the phallic tumescence that is revealed and explicit, and have made it a symbol of insurrection and human existence, through which Christ characterized himself as the son of God on earth. Serrano goes back to this ostentation of the genitals and he does so in order to weave the thread between the polarities of the sacred and the secular, the believer and the atheist, the spiritual and the carnal. He breaks the conventions, as he had done with *Piss Christ*, but he does it out of a strong belief in the holy, not as empty and repetitive, highly liturgical ritual, but as experience of the truth. It is a further act of candor, not of wickedness and blasphemy, a reflection on the unseen component of the logic of Christ's representation. Of course he runs the risk of setting off another controversy, by offending orthodox believers who are unable to accept the carnal interpretation of a God who has become human: "the Word was made flesh."[8]

Certainly *Sacramentum*, is a provocation, in the sense that it provokes a rethinking of the theology of the icon, taking it out of the reassuring and tested schemes of Western figurative rituals and turning it into the mirror and therefore the reflection of an ideal that needs to be reconsidered and broadened, to strip it of a "covering" that does not permit the irruption of life and that has effects capable of bringing into question the virginity of the divine: *Magdalena* (p.19). And while the iconoclastic element can be misleading, Serrano's religious feelings are authentic: "Many people seem to be under the false impression that I am anti-religious and specifically anti-Christian. I want to set the record straight: I am a Christian, and

7 Leo Steinberg, op.cit. pp. 82-96
8 The Gospel of John, 1:1-18

I am an artist, and as a Christian I have the right to use the symbols of the Church because they are the symbols of my faith. I've been asked 'why don't you do something about the Torah or about Islam' and I reply 'because it is not my faith.' I don't have a connection to any other religion except Christianity. I was raised as a Catholic, was baptized as a child, received my Holy Communion at the age of 10, and later my Confirmation at 12. In my heart I have always felt close to the Church and to Christianity even though I stopped going to church for many years. Now, I only go to churches in Europe, for aesthetic reasons more than spiritual ones, because I don't feel I need to go to church to pray or find God. What upsets me the most is that certain people see me as some sort of fictionalized heretic or anti-Christian bigot. Many of these people have no interest in looking at my work for what it is but instead focus on what it's not. It is not an attack on God or the Church, but instead a celebration of both. I not only believe in God, I believe in religious art and the beauty and power of such art."[9]

Yet if, as Florensky wrote, "the true meaning of the icon is the incarnation,"[10] the image of Christ and his disciples needs to be remodeled on the flesh and blood that represents the *mise-en-scène* of a divinity which is shared by the being who, becoming human, sacrificed himself for the world. In this sense Serrano's critical portrayal, like that of the great Renaissance painters from Leonardo to Paolo Veronese, from Hieronymus Bosch to Matthias Grünewald, includes the apostles, who in *The Last Supper* (pp. 28-29) emerge from their mythology and are represented—as it was in Christ's time—by ordinary people. And thus taken out of the metaphysical vision of the myth linked to these personalities and brought into the everyday vividness of banal and simple gestures, entrusted to figures from normal life.

Photography as a faithful and vulgar—in the etymological sense derived from *vulgus*, "the common people"— mirror that tends to bring life back into religious iconography. For this reason the series of *Holy Works*, 2011, is an absolute expression of life that includes everything that was left out—a scene like the *Corpus Christi* (p. 47), in which the bleeding and wounded being finds its repressed otherness in the image of a young man marked by the power of his naked body. Here, more than elsewhere, the unity of high and low, of human and sacred is recomposed. An intertwining that is part of the artist's daily life: "I feel a great deal of reverence for my faith, and in fact, in my home I am surrounded by paintings, sculptures and Christian works of art dating from the 12th through 17th centuries. I love being surrounded by these Christian works from the past—my home is like a cross between a church and a medieval museum."[11] His images put back into circulation the equivalence of above and below, of the head and the bust with the sexual organ, recomposing the "substance of God." By uncovering the illusoriness of the suppressed and the excluded, Serrano breaks down the fixity of the representation of Madonnas and saints and suggests the radiance of inner, internal light. Only that the innards are not just spiritual, but also carnal and human: they bleed (*Blood Madonna,* p. 49 and *St. Anthony's Blood,* p. 53), express themselves with inhuman screams (*Christ: The Scream,* p. 61), or show the ribs of St. Sebastian, but perceived the other way round, from the inside (*St. Sebastian*, p. 65). At the same time the figure of the feminine, which has always been negated with respect to the hierarchy of the masculine, in Serrano becomes a vehicle of maximum opening to the world, for it makes visible the endless "maternities" that give life to the destiny

9 Lauren Haimelin, *Interview with Andres Serrano*, at http://www.luxe-immo.com/fiche-artiste-en-433-andres-serrano.html.
10 Pavel A. Florensky, *Ikonostas* (1921-22). Published in English as *Iconostasis*; Crestwood, New York: St. Vladimir's Seminary Press, 1996.
11 Lauren Haimelin, op. cit.

of humanity. And so we have the display of a suckling child or of a carnal communication between sacred iconography and ethnic groups, from *African Madonna* (p.67) to *La Chinoise Madonna* (p.59). The other piece of the representative edifice is another specular aspect of the image of God: death as entry into eternity. Here too Serrano avoids the tranquillizing and comforting approach, linked to repression, and lets death into his photographs. Whether he portrays it in The Morgue,[12] or documents it with another forbidden subject, in *Shit: an investigation*, 2008.[13] Both concern the transit of the vital into sterile residue, both are evacuated, for reasons of fear and hygiene. Like Christ's genitals, these too are to be regarded as "shadows" to which attention should be paid, as they reveal our fate. Admitted, they are no longer negative, but offered as a transfigural vision of the end, and therefore of resurrection in the future. This tipping over of the process of sublimation into the fullness of being, as an example of de-sublimation[14] connected to loss and discharge, reminds us that the images are doubles, physical extensions of the flesh: effigies of those who pass through time and space, but are threatened with extinction. And since Serrano is interested in the shadowy and hidden and thus perverse core that determines religious and ethical, physical and spiritual coordinates, it is no wonder that all of his work has always been focused on the chaotic universe of human and social existence, where diversity holds sway, and on the mixture, typical of the process of "fecal homogenization."[15]

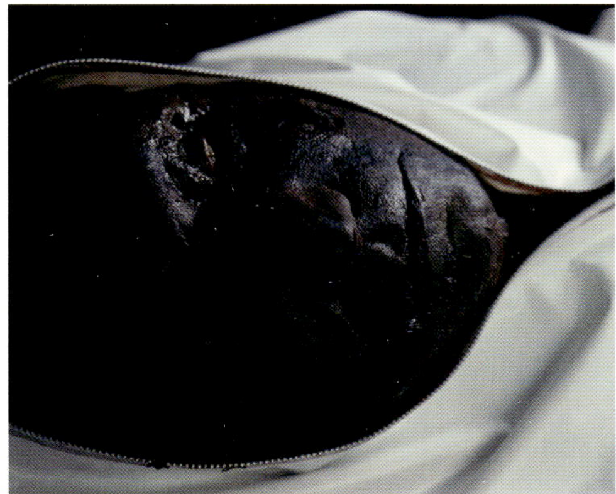

Andres Serrano, *The Morgue, Accidental Drowning*, 1992

The search for a completeness that is found only in the shadow and thus in the repressed spurs Serrano to a continual discovery of the complementarities that are almost always harbored in the "monstrous" (from *monstrum*), which means "marvel." And like the incursion into the iconography of the divine this too risks being sacrilegious, as it regards the taboo and the forbidden. While enriching it, his *A History of Sex*, 1998,[16] disintegrates the vision of eros, as an exchange between two beings. Here the sexual relations take place in all the possible permutations, between female and male, between human and animal, between old and young, so that what dominates again is the multiplicity of being, which is not just one, but many. A catalogue of genital trespasses that takes mixture as an alternative, or rather complementary dimension of human and social relations conducted through the naked or clothed body: another profane passage where it is no longer sacrifice nor the sacred that is expressed, but the everyday condition of the subjective and erotic experience between partners.

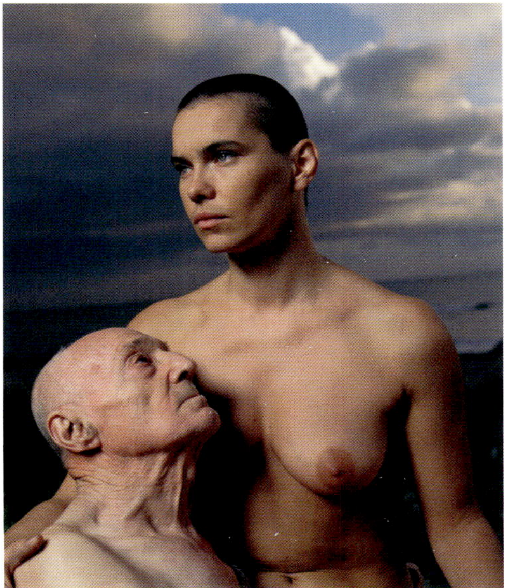

Andres Serrano, *History of Sex, Antonio and Ulrike*, 1995

The overturning of values that tends to permit the return of the shadow of eros seems at first to be their destruction, but on the contrary it is a broadening of its differentiation, if not a regeneration. It shuns homogenization and constraint to arrive at articulations where metamorphoses and permutations can coexist, exchanges and interactions that contravene the current rules of having sex. It undermines intolerance toward perversion, presenting it as "subversion" that does not harm people, but forms part of their individual rights and pleasures. Here Serrano seems to be extolling the diabolic, but as in the treatment of sacred iconography these human beings that mingle with other beings and with animals are the image of a vitality that does not live by repression, but follows its natural instincts and primary impulses, and even secondary and crude ones that can also be malign. Merging with another organism is not a mark of sin, and thus like Christ's penis should not be eliminated. So if we cannot condemn his body, and thus risk mur-

12 Andres Serrano, *The Morgue*. Paris: Yvon Lambert, 1993.
13 Andres Serrano, *Shit, an investigation*. New York-Paris: Yvon Lambert, 2008.
14 Roger Denson, op. cit.
15 Janine Chasseguet-Smirgel, *Creativity and Perversion*. London: Free Association Books, 1985.
16 Andres Serrano, *A History of Sex*. Milan: Photology, 1998.

dering him again,[17] it is important to accept the vital energy of bodies and their inclination toward all possible forms of carnal knowledge.

If the forbidden mingling of eros is accepted it is necessary to take into account the suppression of any notion of limit and "territorial" boundary on the social, political and individual plane, so that differences are abolished. This is why Serrano's photographic universe seems "indifferent" to the thematic shifts that take place in his series of images. In other words he does not rely on a linear succession of subjects, but moves freely and intuitively in reality, spurting out identities that have something transgressive about them, as they are almost always subjected to religious or cultural prohibitions. It is in this sense that we can take such, once again destabilizing series as *Nomads*, 1990, where the homeless are portrayed as if in a fashion magazine, *The Klan*, 1990,[18] made up of faceless portraits of anonymous members of the Ku Klux Klan, and the photographic exploration of female bodies that have been altered through exposure to the anabolic steroids used by body builders in *Big Women*, 1997.[19]

In these cases too Serrano works to bring out the social and political unseen, here connected with the street and with sport. He prompts us to look at ourselves in other "doubles" that come from other worlds of our human society. He materializes them and gives each of them moral support for their existence, again without making distinction between high and low, left and right, normal and abnormal. Just as he draws no lines between shadow and body, spiritual and carnal, sacred and profane, here too he uses photography to explore the repressed and make it part of visible society.

In conclusion, the whole of his work, from 1983 to the present, is an attempt not to lose sight of the untenability of the shadow or of his silhouettes that along with bodies and outlines in positive form the real: "I don't manipulate the images in any way. I just light them and photograph them the way I see them. So it's just very basic and very truthful in the sense that they're real."[20] Serrano cultivates a perverse and murky fascination with reality in order to expose it continually to a flash of light. In fact he is aware that rejection of the dark, if left alone, becomes negative, leading to an anesthesia of the senses, as well as the intellect. As a double, even though a frightening one, the photography turns into a way of filling in the gaps: a shining of light into shadow in order to sublimate it.

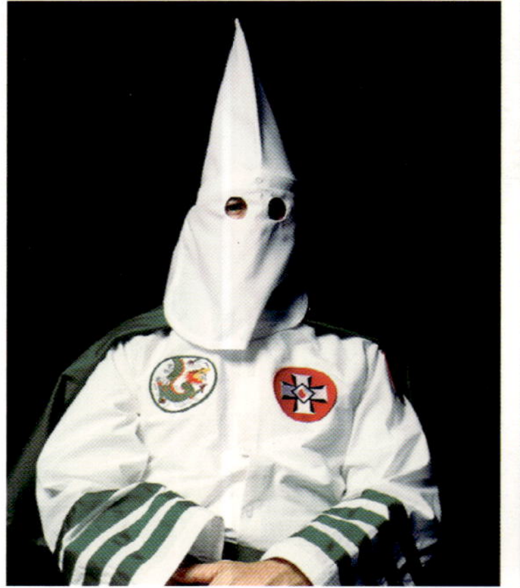

Andres Serrano, *The Klan, Grand Dragon*, 1990

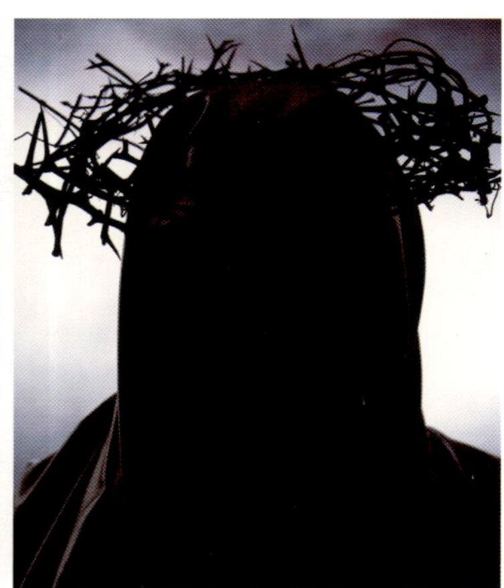

Andres Serrano, *Our Lady of The Thorns II*, 2011

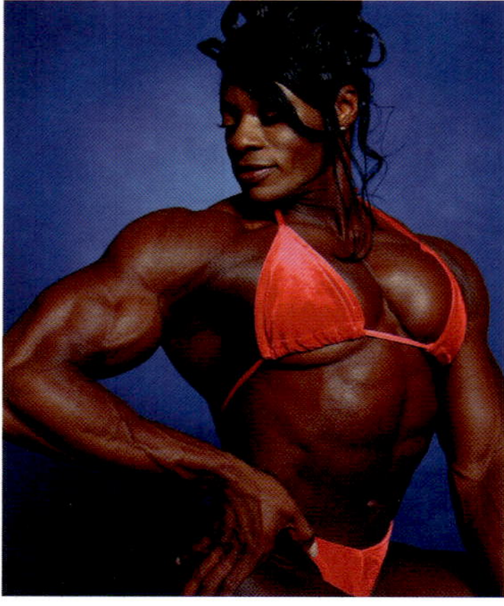

Andres Serrano, *Big Women, Lesa Lewis*, 1997

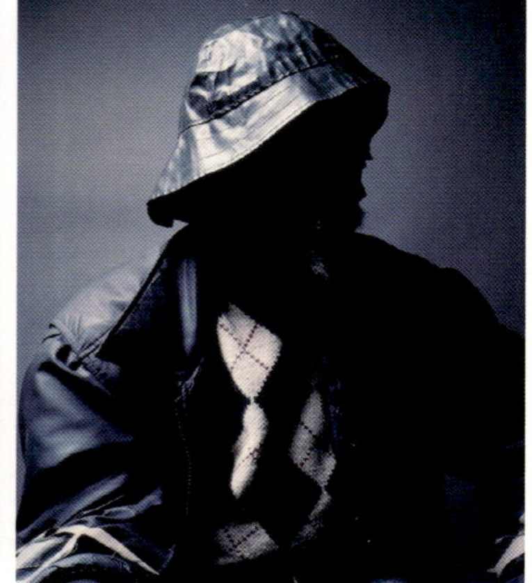

Andres Serrano, *Nomads, McKinley*, 1990

---

17 Wilhelm Reich, *The Murder of Christ*. London: Farrar, Straus & Giroux, 1972.
18 Andres Serrano, *America*. Cologne: Taschen, 2004.
19 Andres Serrano, *Big Women*. Turin: Marco Noire, 1997.
20 Germano Celant, op. cit.

"The first time I saw *Piss Christ* I could not believe it existed. It was gorgeous, shocking, terrifying, conceptually brilliant, and somehow conveyed my feelings about God more truthfully than anything I had ever seen or read or heard. It's the single greatest piece of religious art made since the Renaissance, and in my own work, especially my book, *The Final Testament of the Holy Bible*, I was inspired by it and challenged by it, in that my work would not exist without it and I felt a responsibility to aspire to same the level of power and greatness."

James Frey

From

THE FINAL TESTAMENT OF THE HOLY BIBLE
BY JAMES FREY

You didn't answer my question.
I just didn't give you the answer you wanted.
Jacob stood and said he'd be back in an hour,
and he and Jeremiah started to walk out of the room.
Ben spoke.
I love you, Jacob. And I appreciate how much care
and concern you've shown me.
Jacob stopped and looked back and he almost smiled,
which would have been the first time I had seen him
smile since he was a young boy, and he said thank you,
and he and Jeremiah left.
Ben looked at me.
You spoke with my doctor.
Yes, I did. It was very interesting, and very informative.
What do you think?
Words of science mean nothing in the face of God.
Ben smiled.
It could just be a malfunction of my brain.
What do you know about Messiah?
The Messiah?
Messiah. Not everyone believes it will be a person.
Many believe, as they do with large sections of the Torah, that the story,
and the prophesy, of Messiah is symbolic, and not about an actual person
who may have lived, may currently be alive, or may at some point walk among us,
but about a period of time, a Messianic age, when Jews, and the rest of the world,
will live in peace.
Is that what you believe?
No.

HOLY WORKS

MAGDALENA

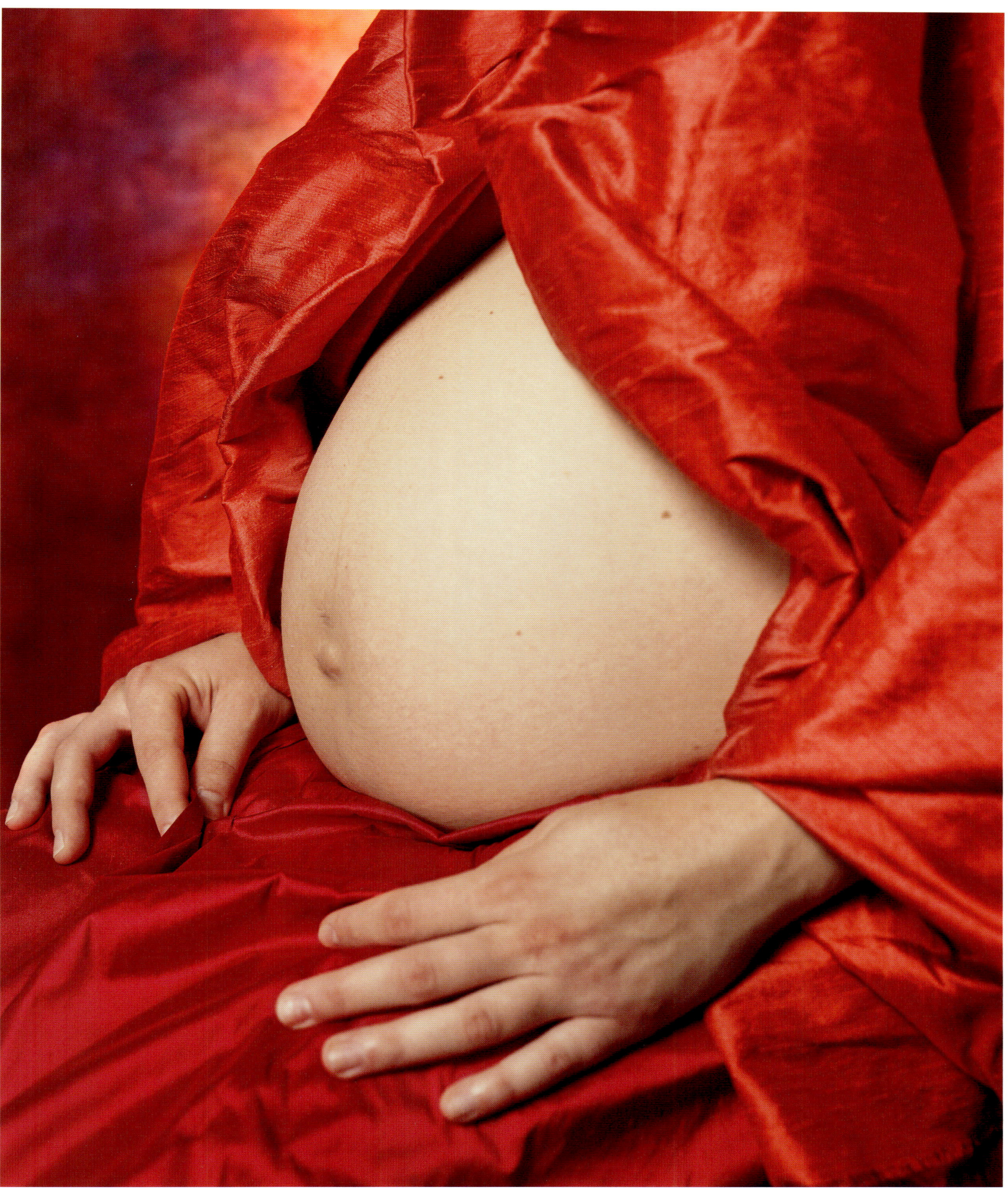

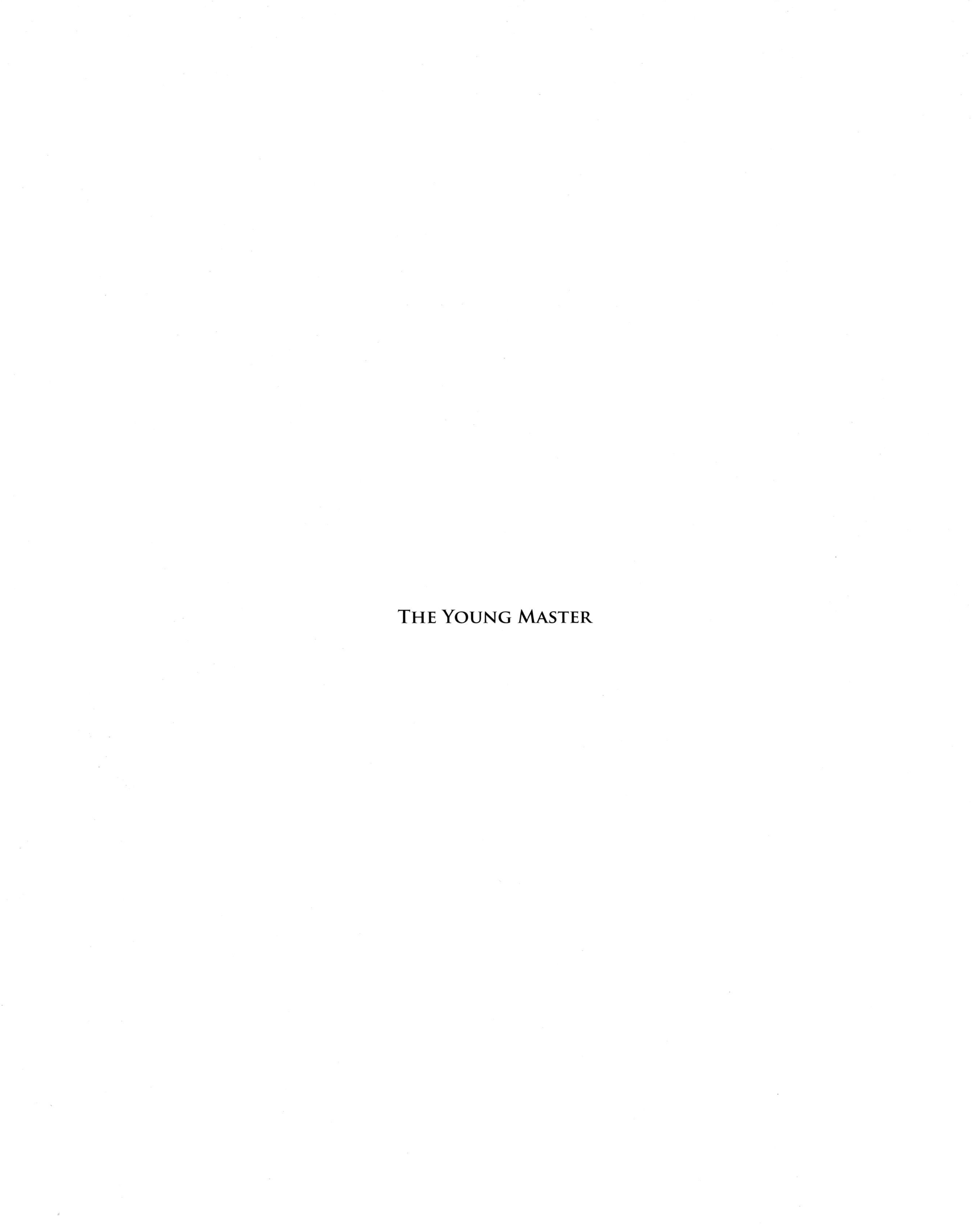

THE YOUNG MASTER

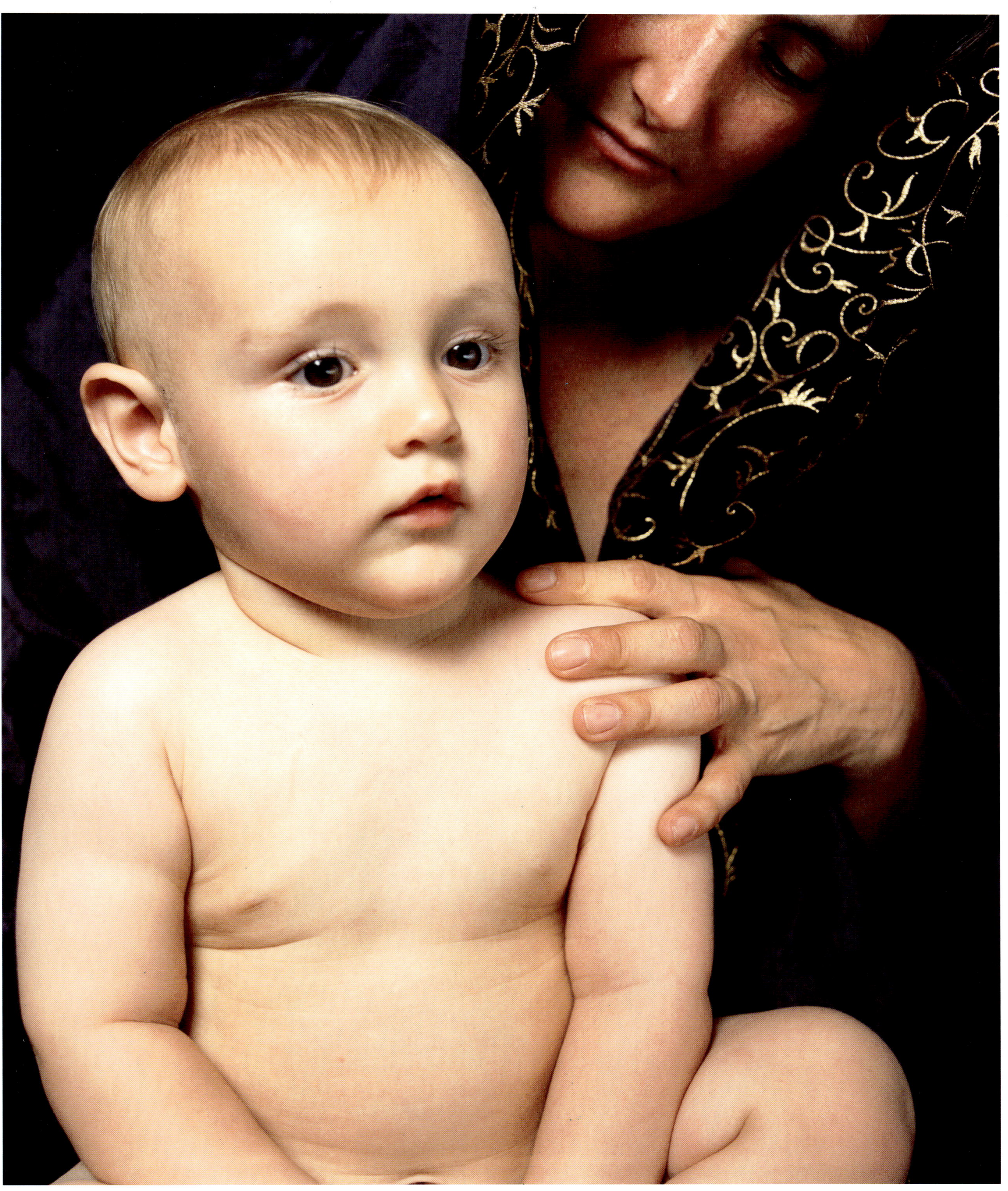

PORTRAIT OF MARY

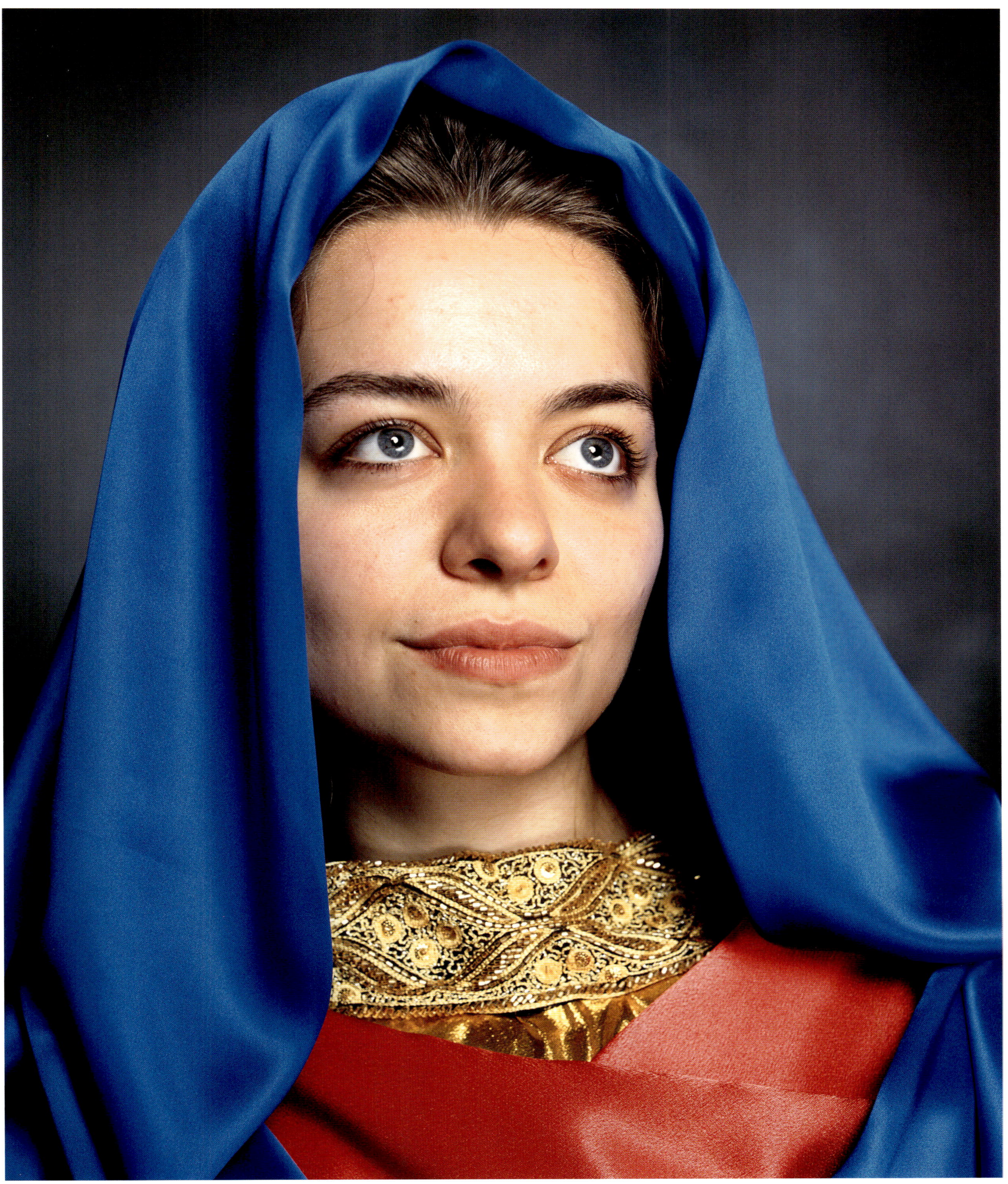

Portrait of Jesus

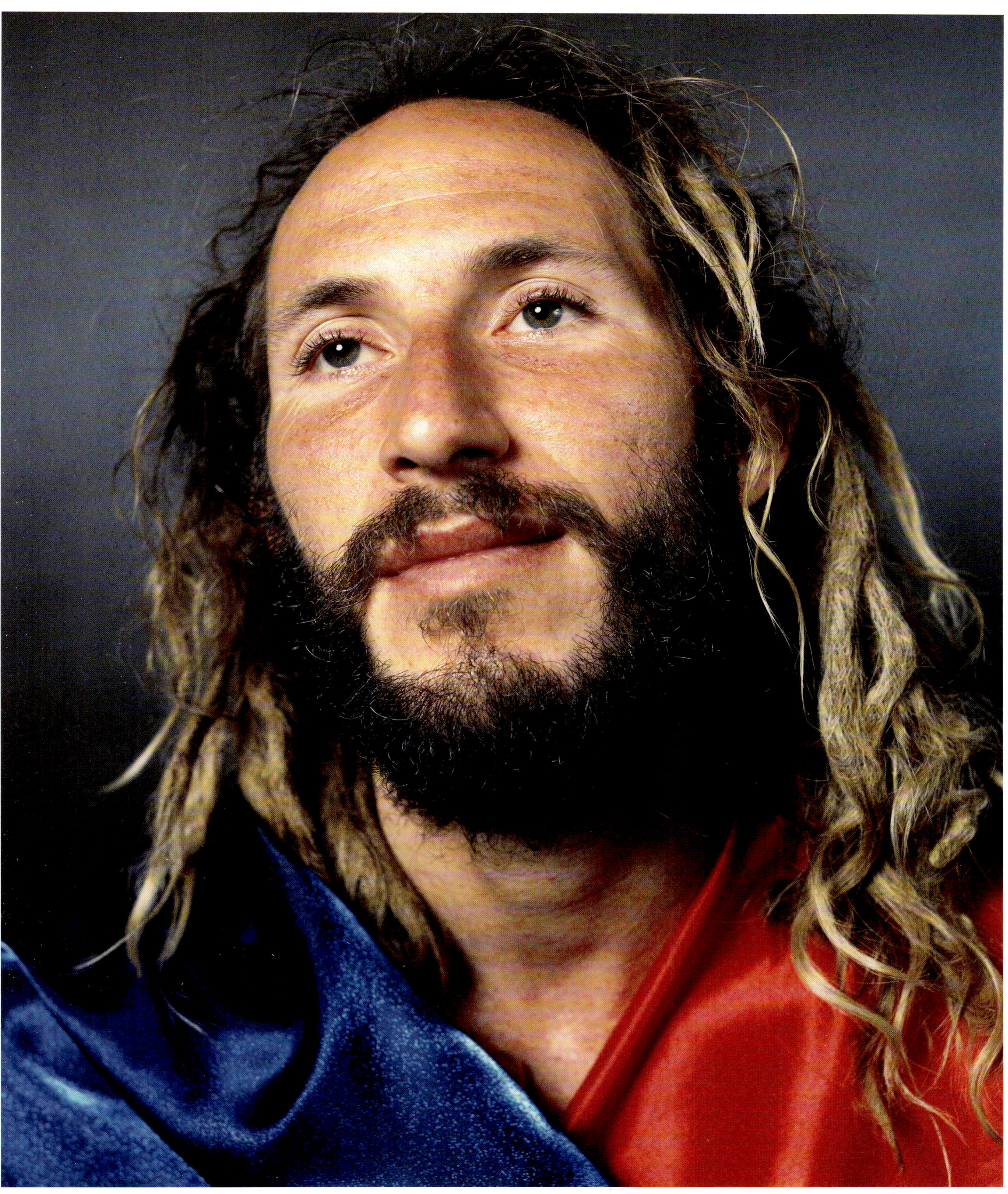

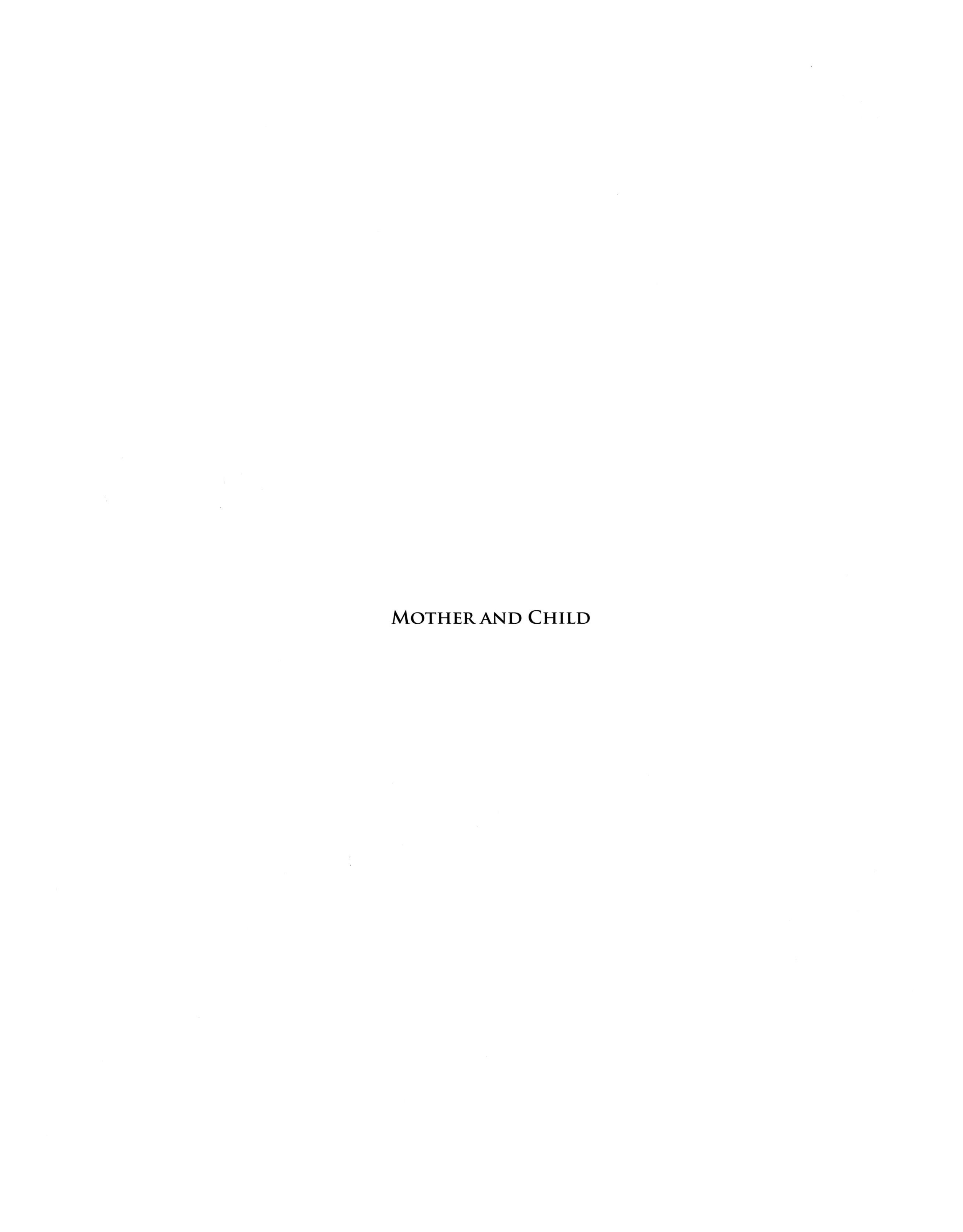

MOTHER AND CHILD

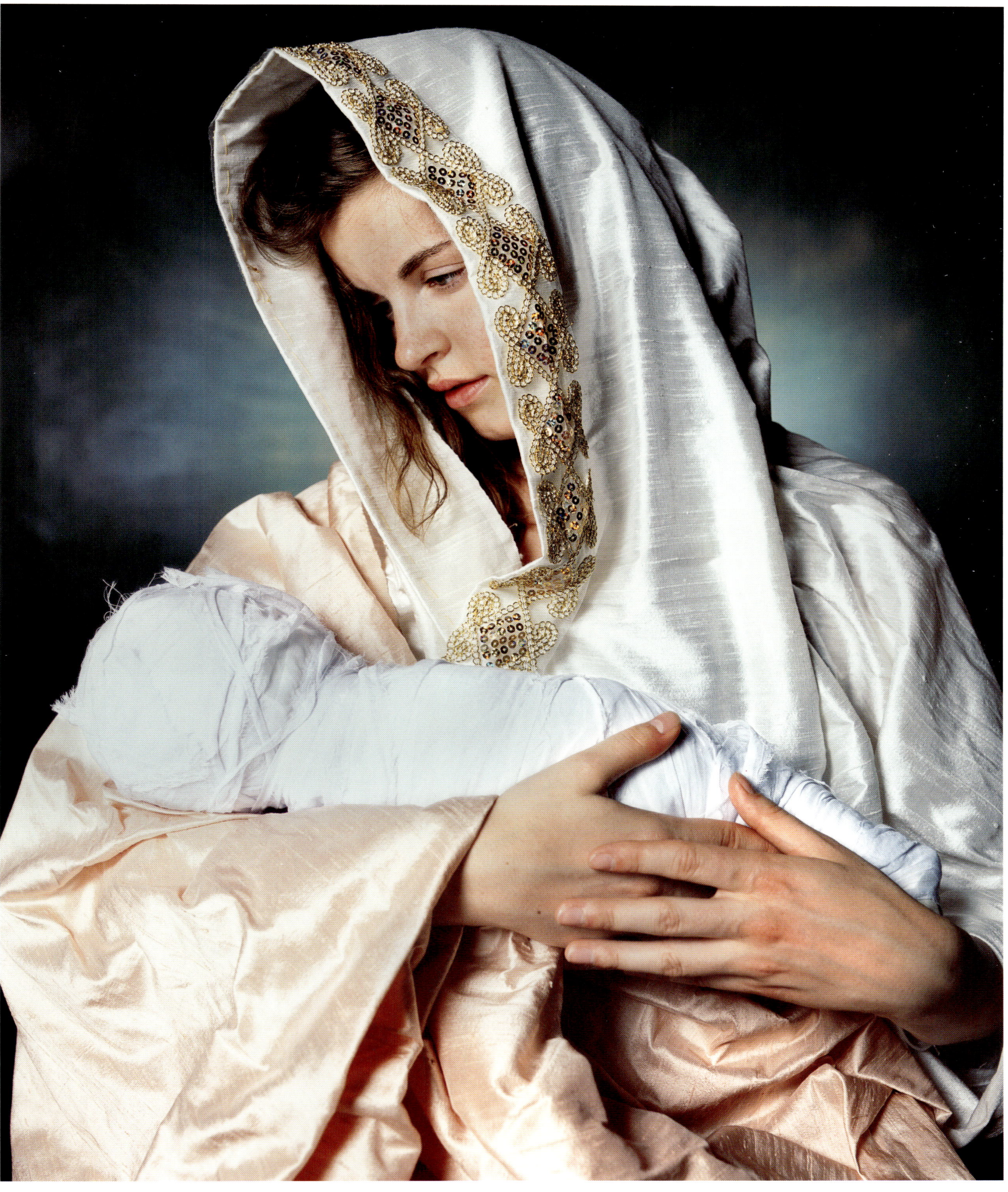

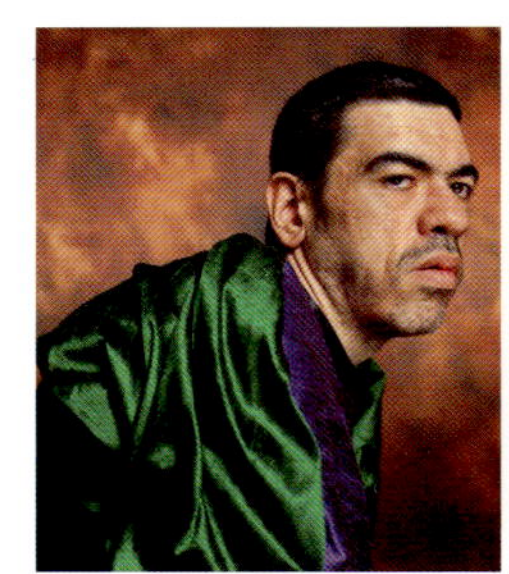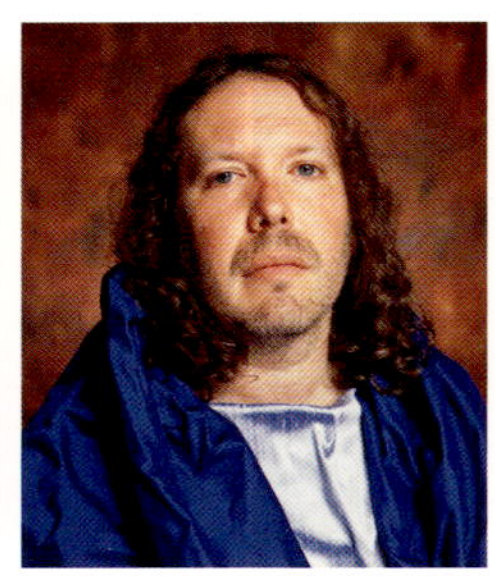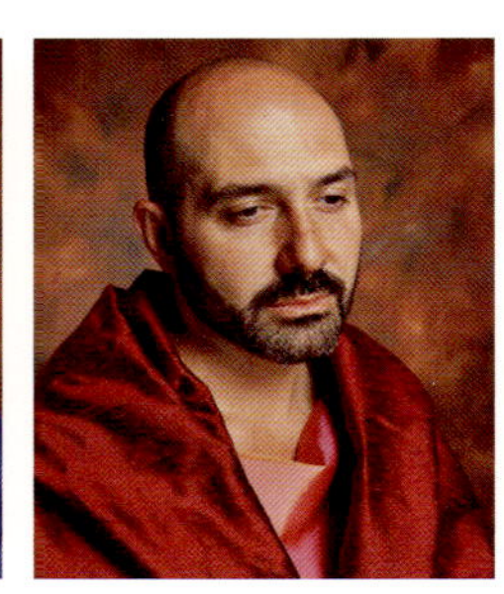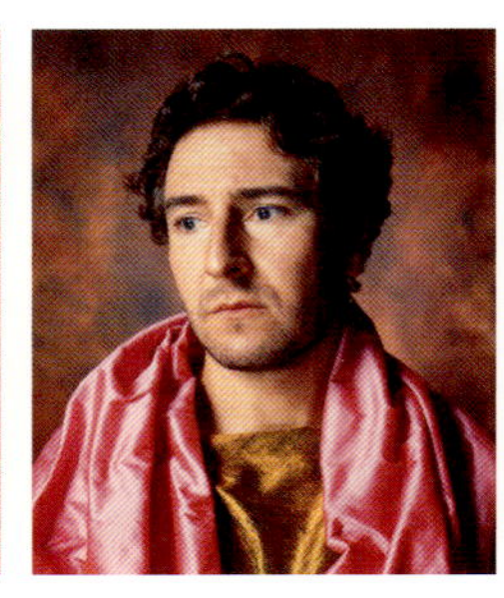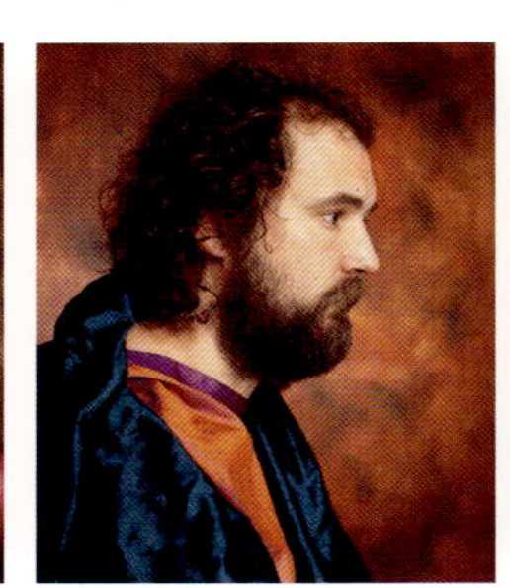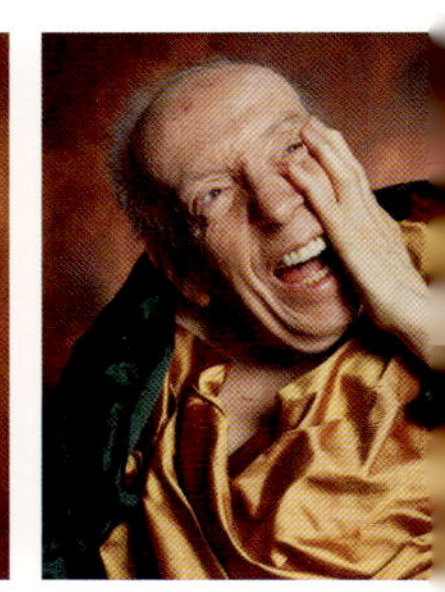

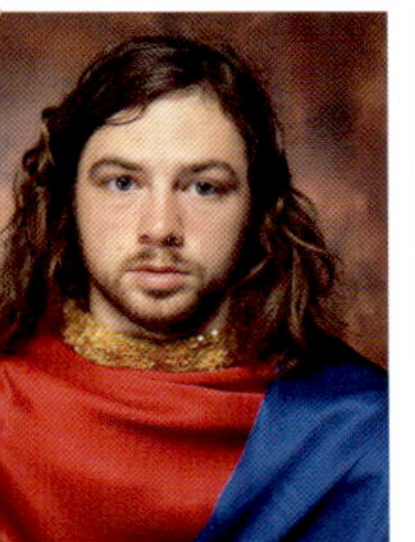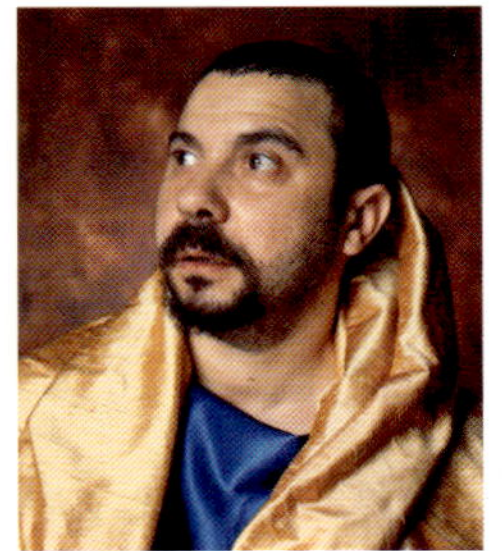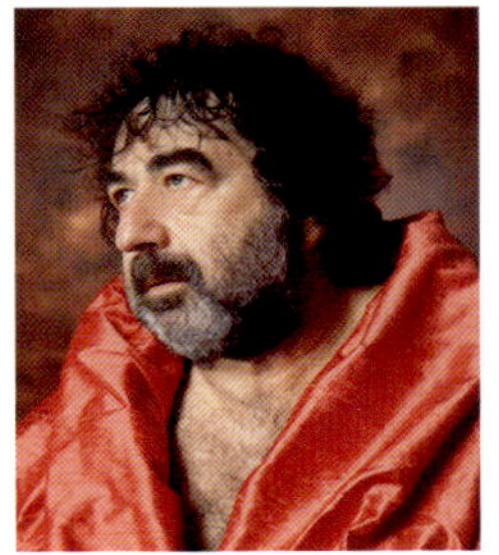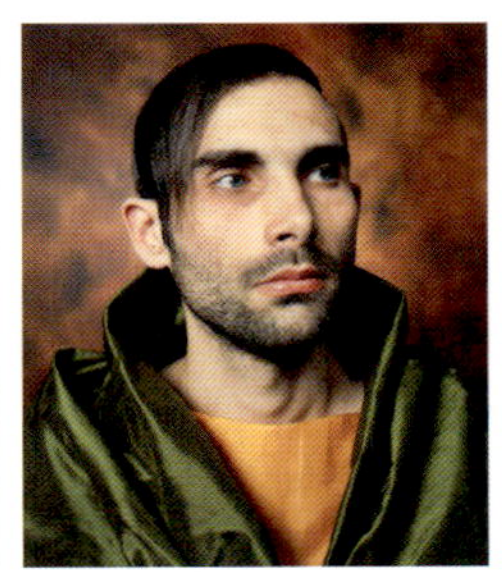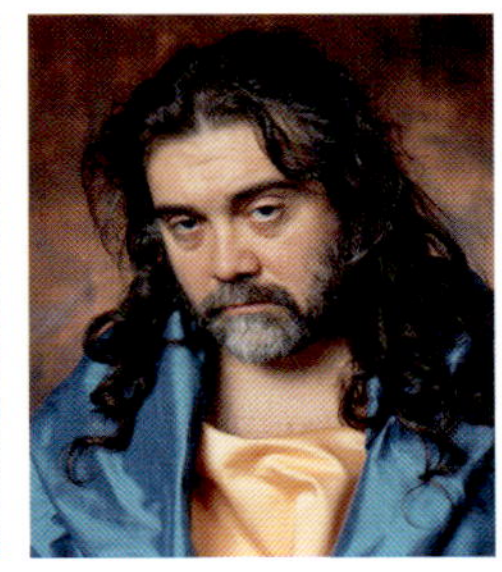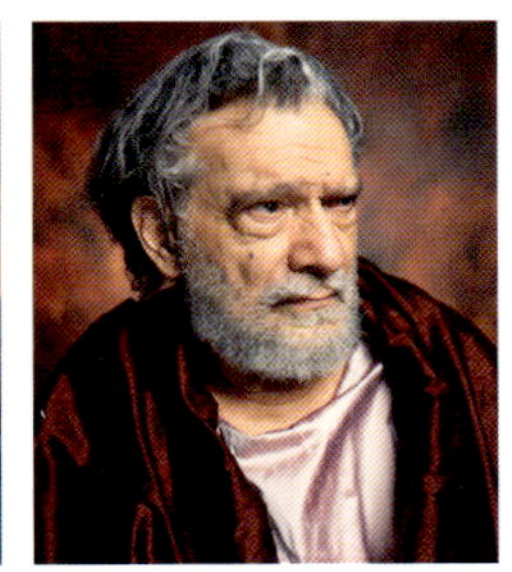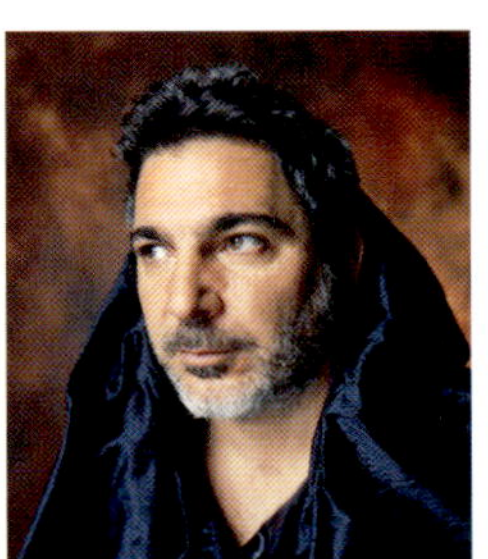

THE LAST SUPPER

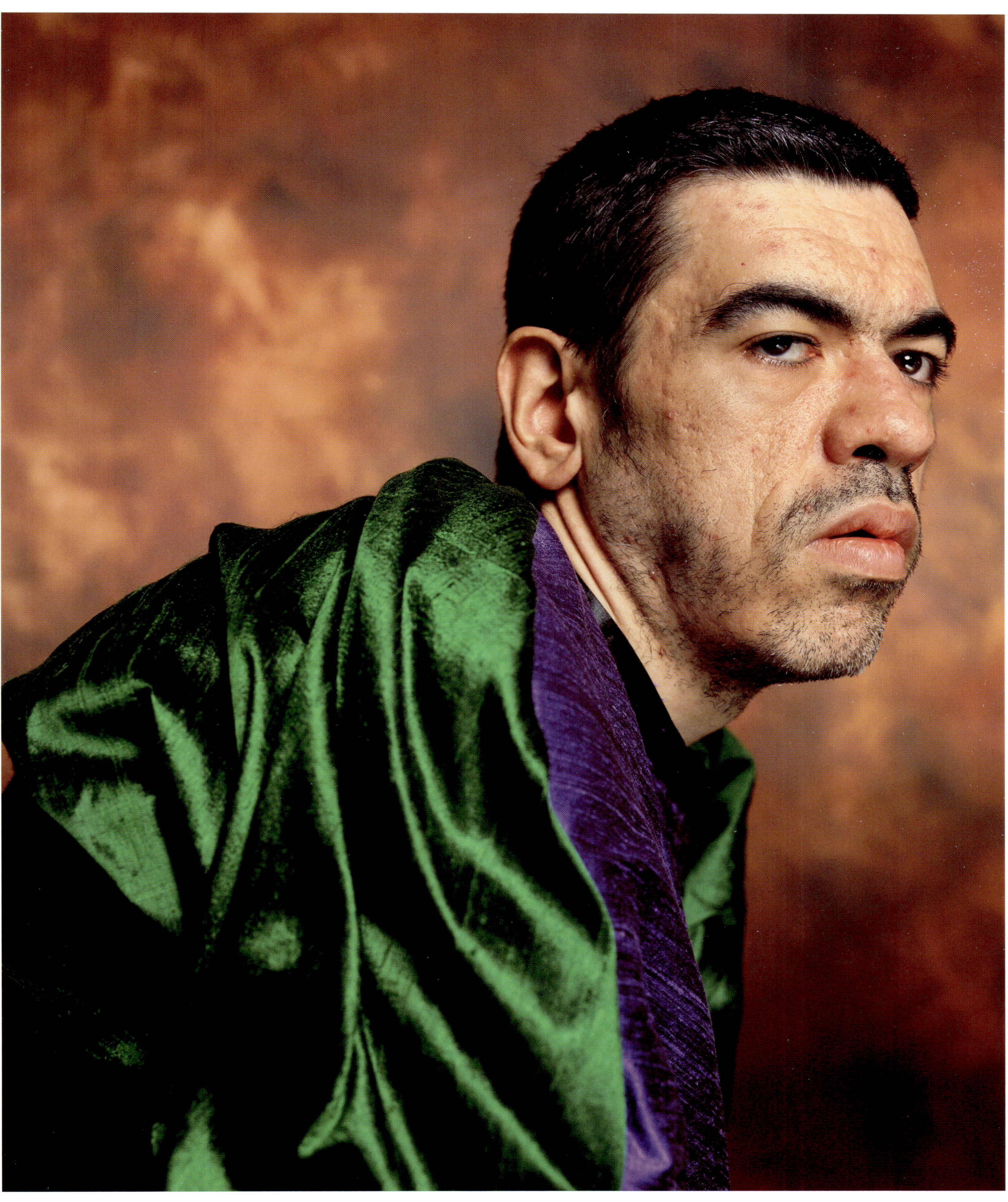

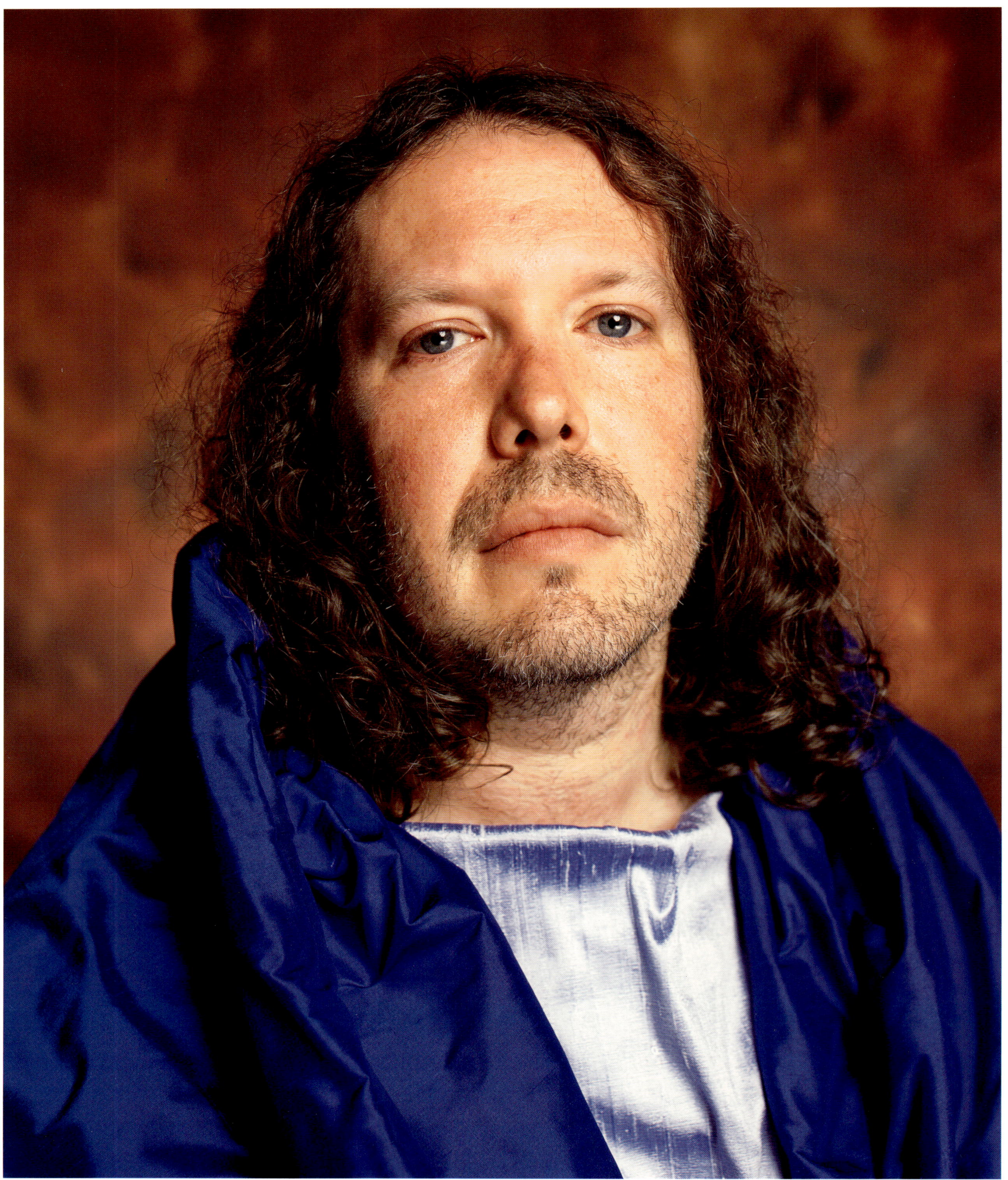

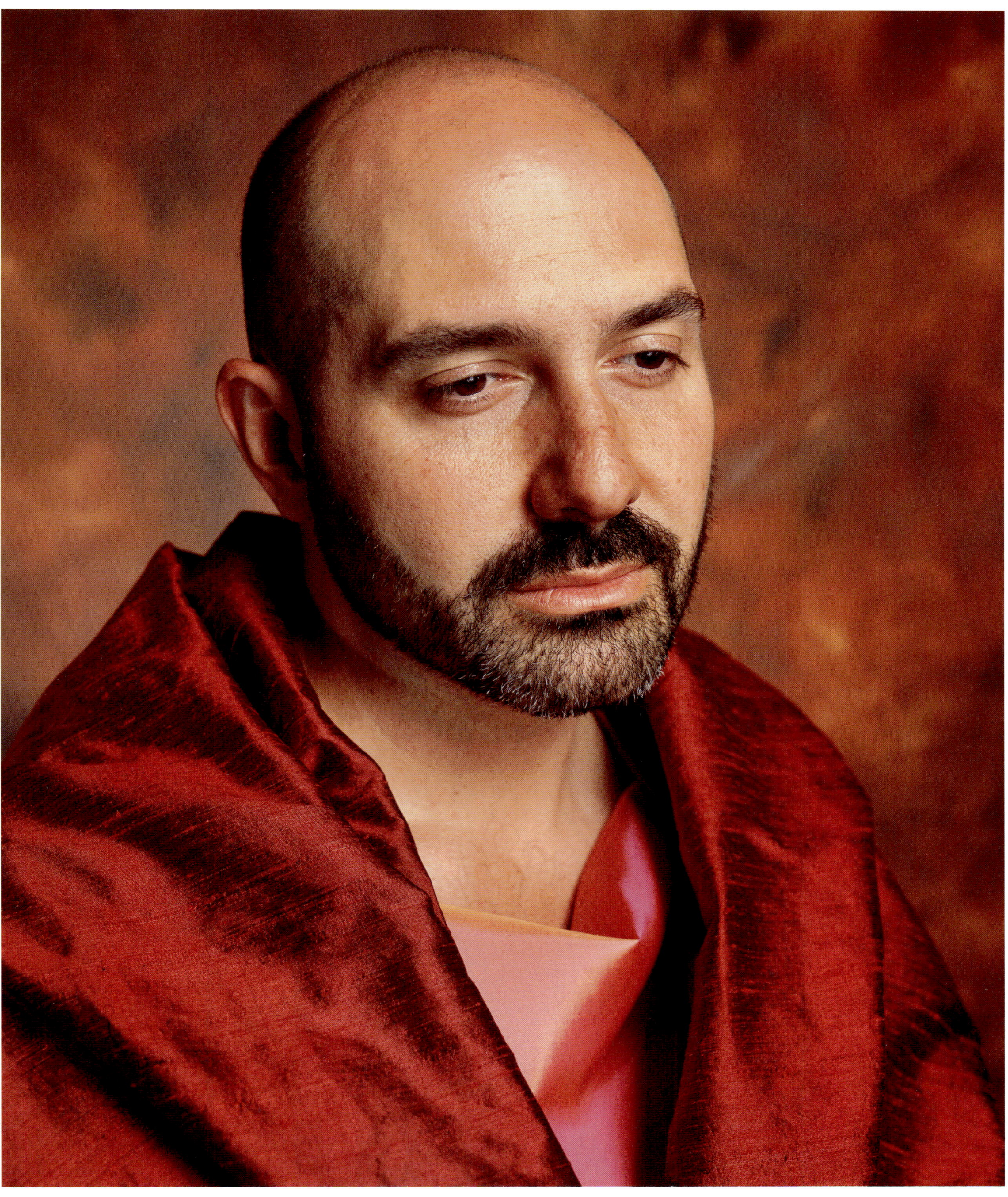

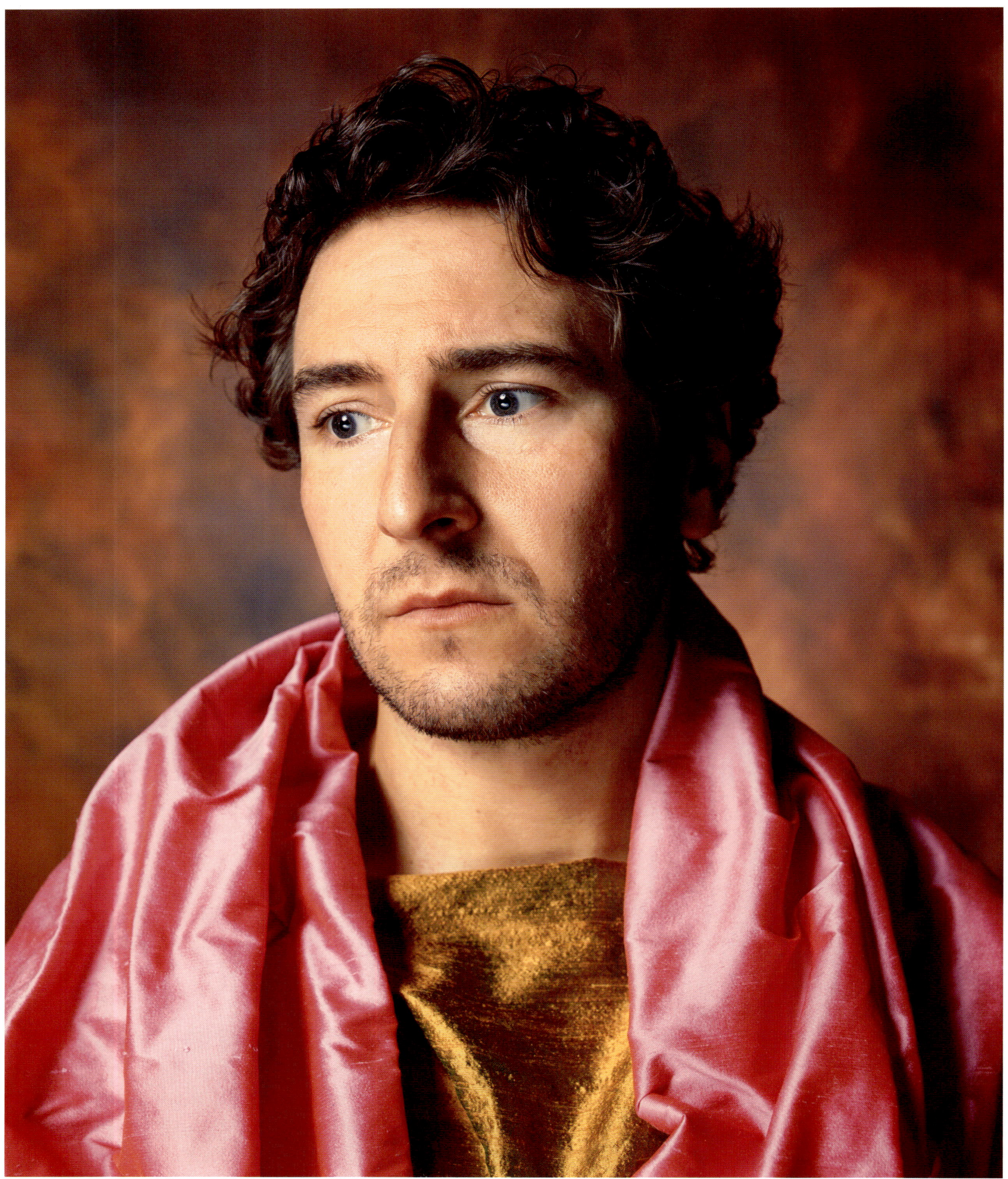

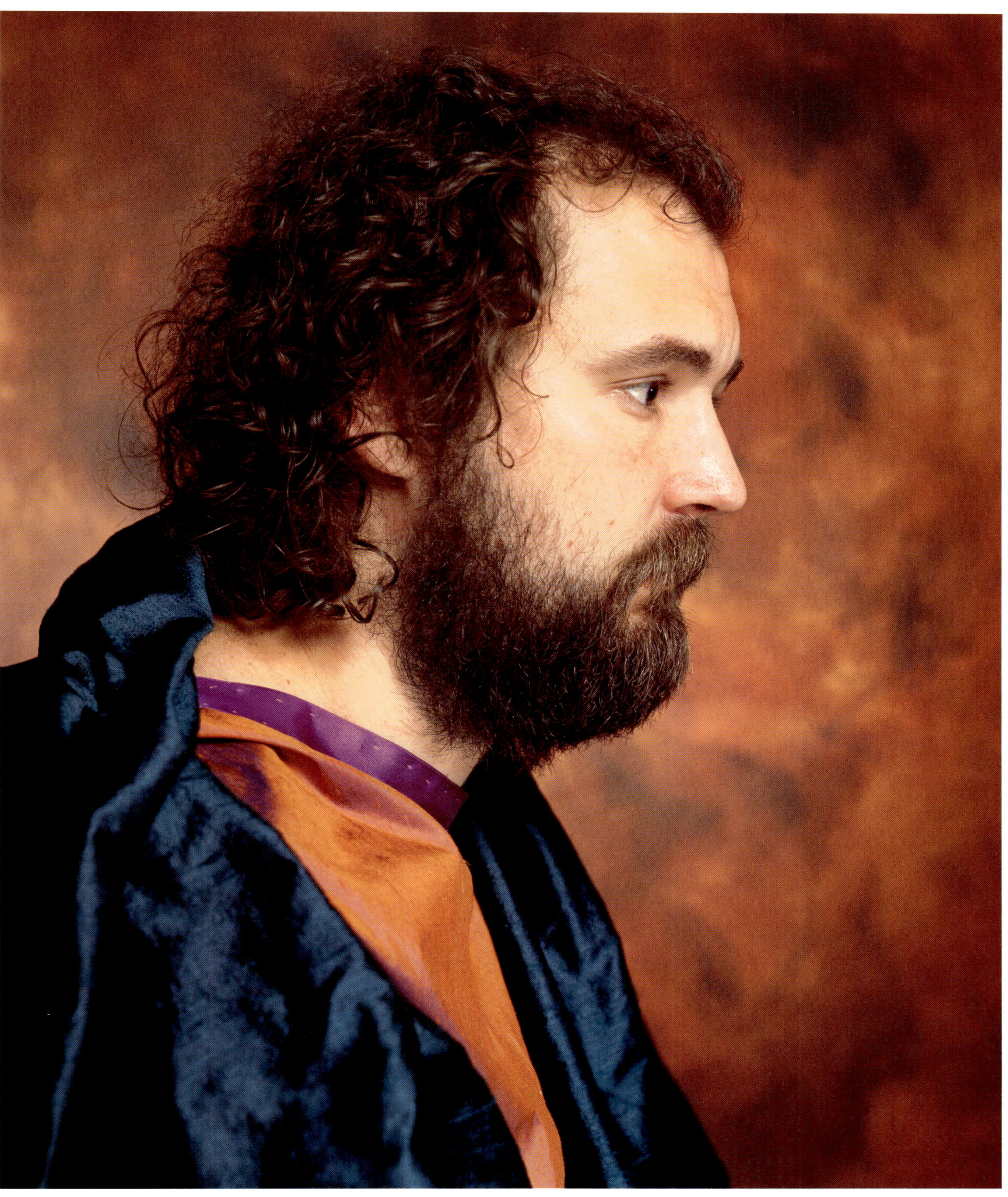

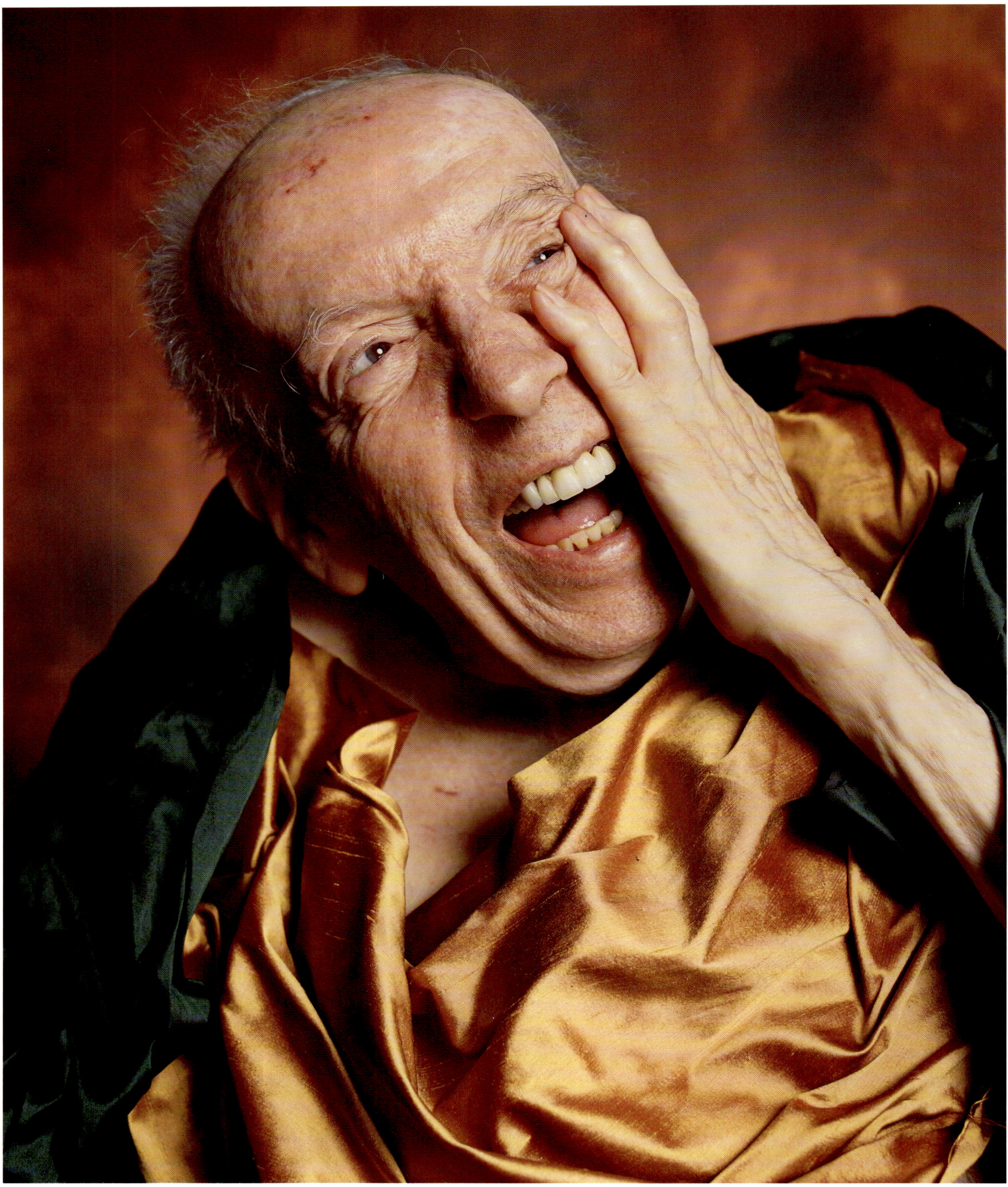

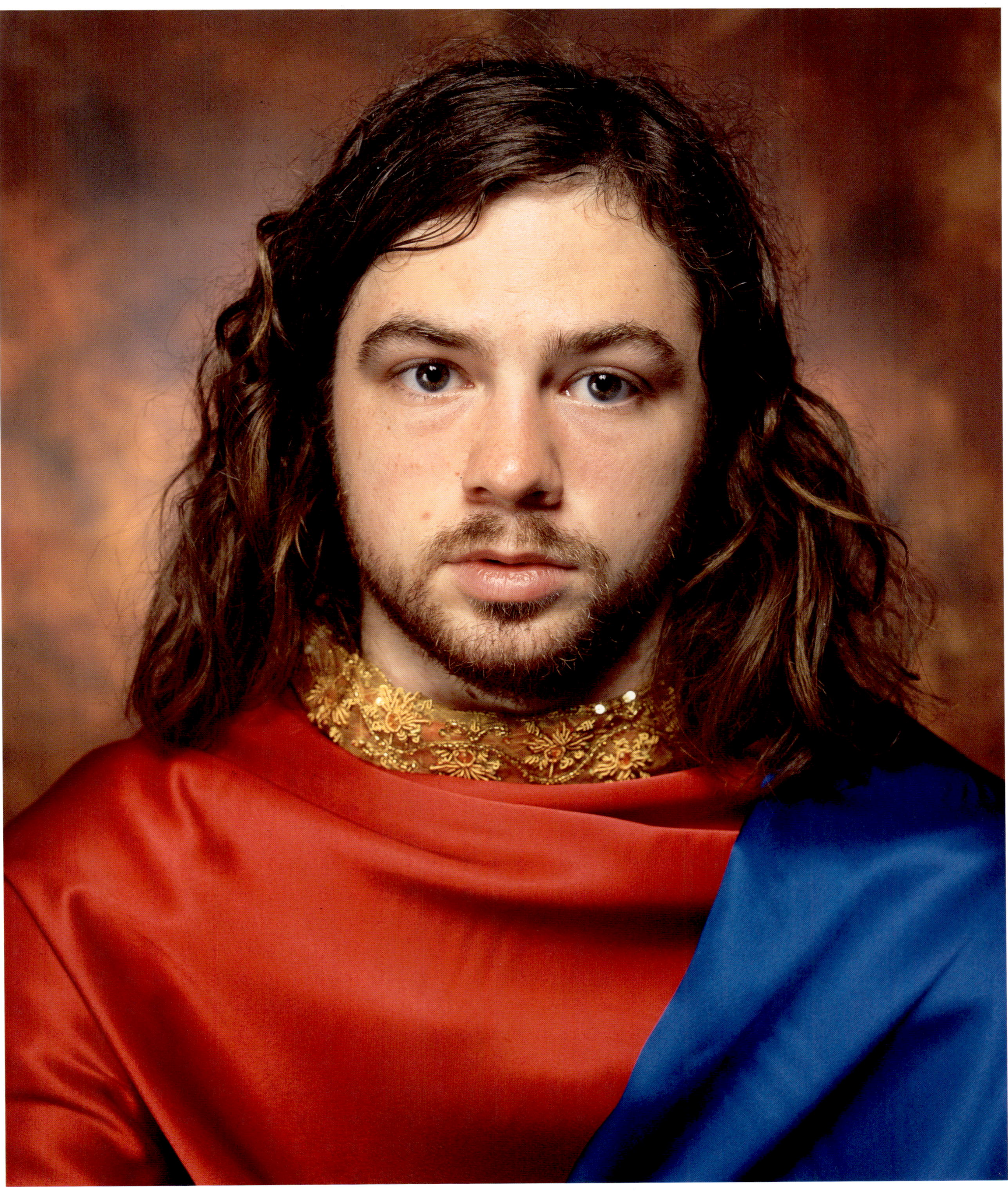

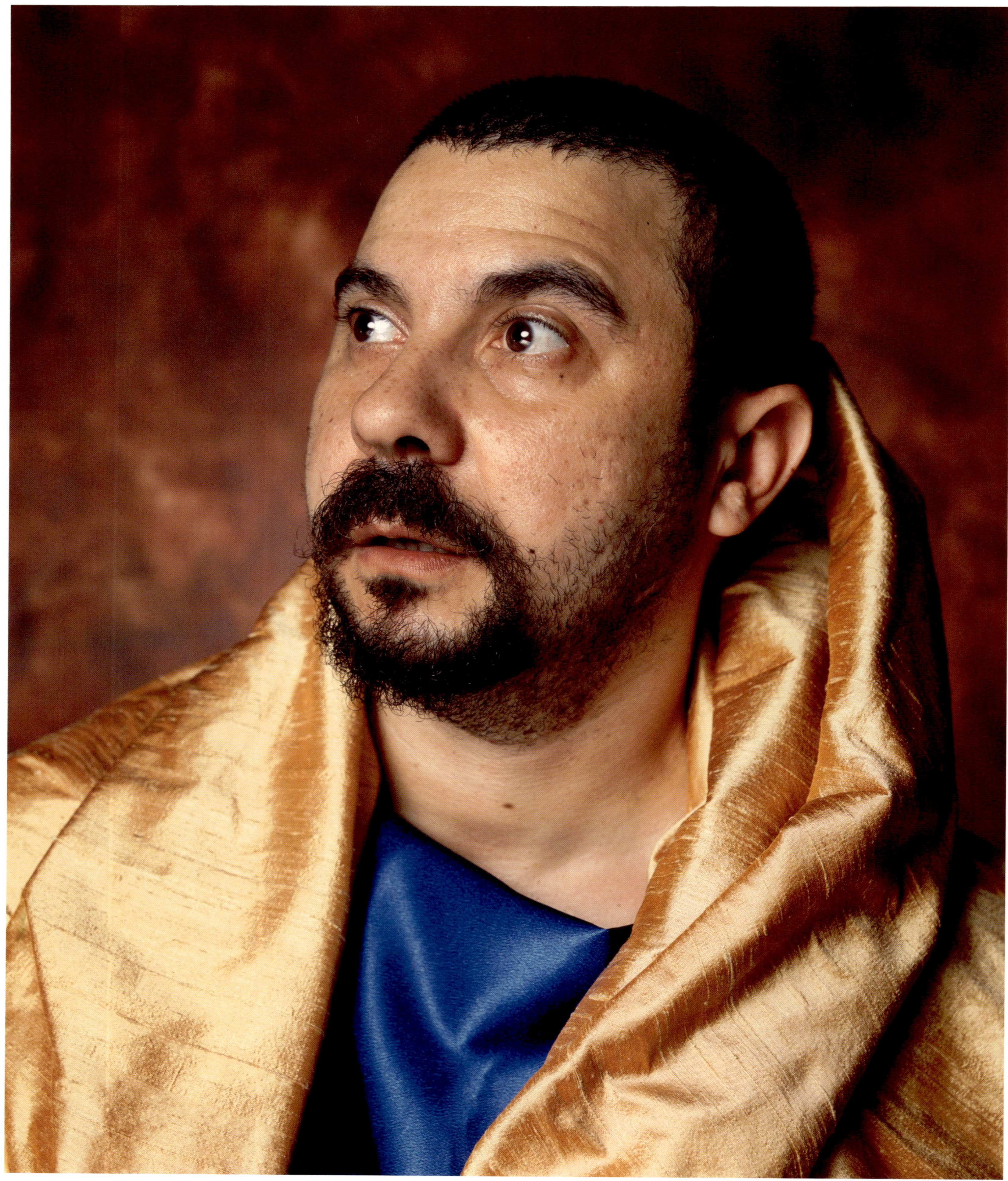

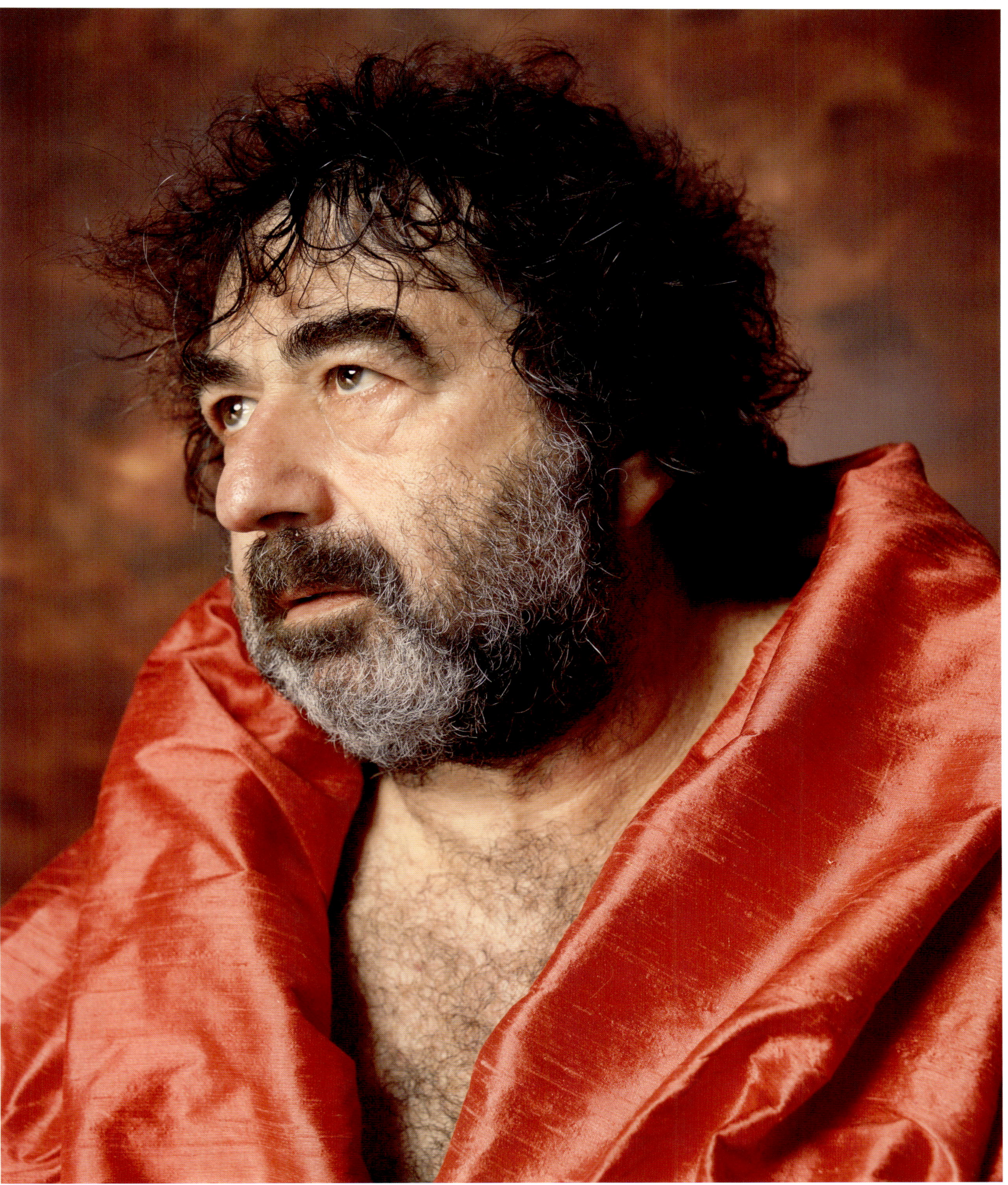

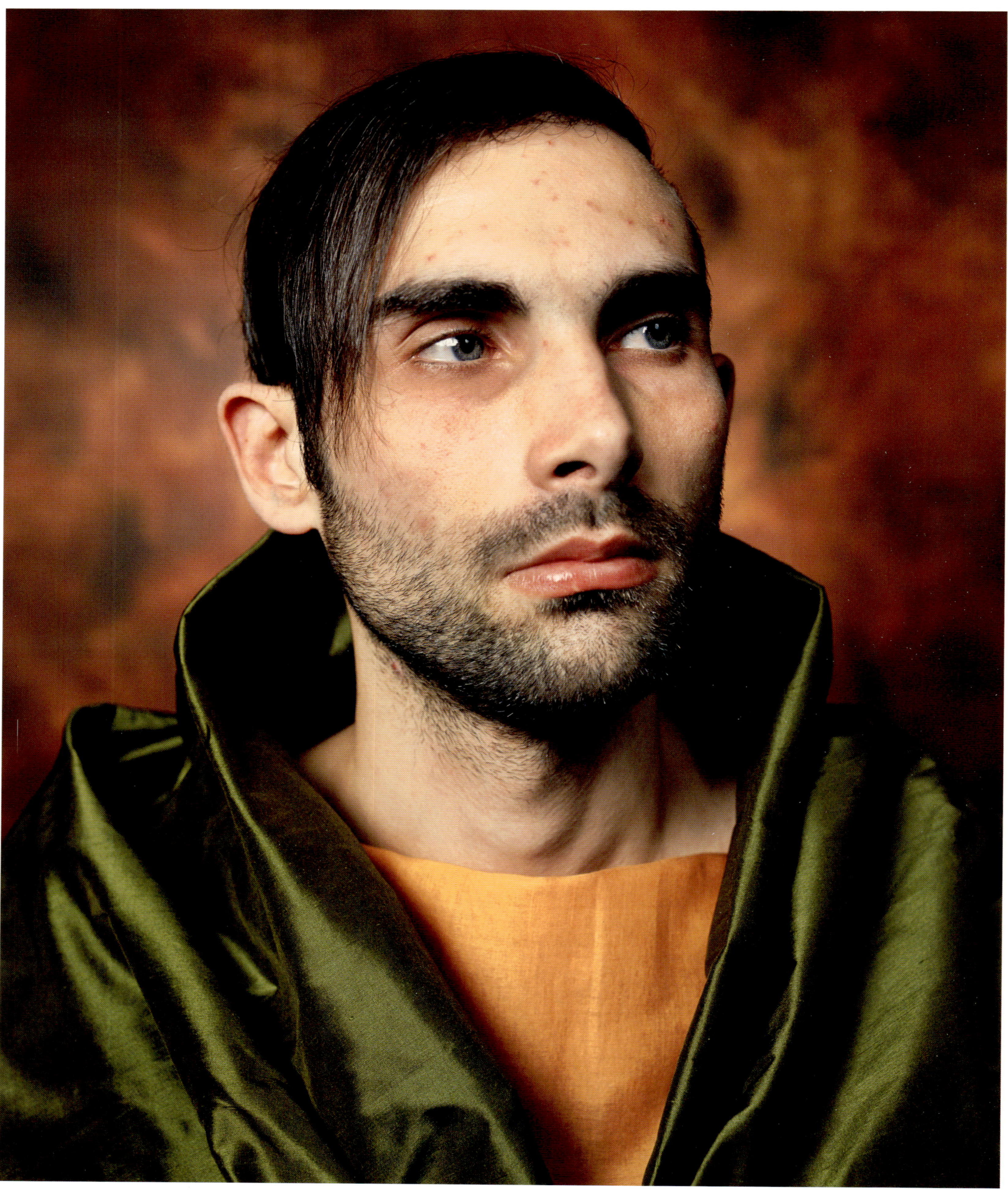

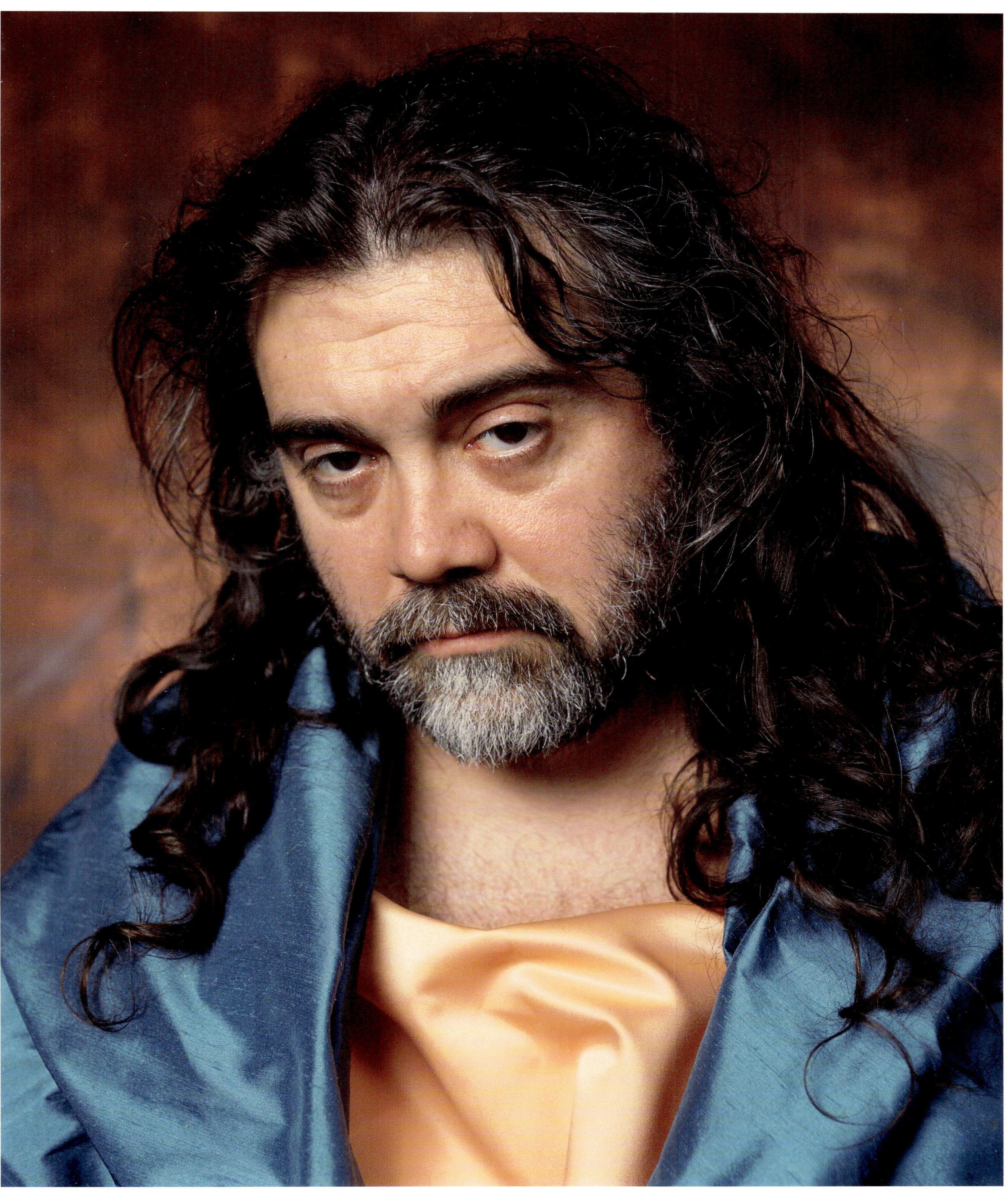

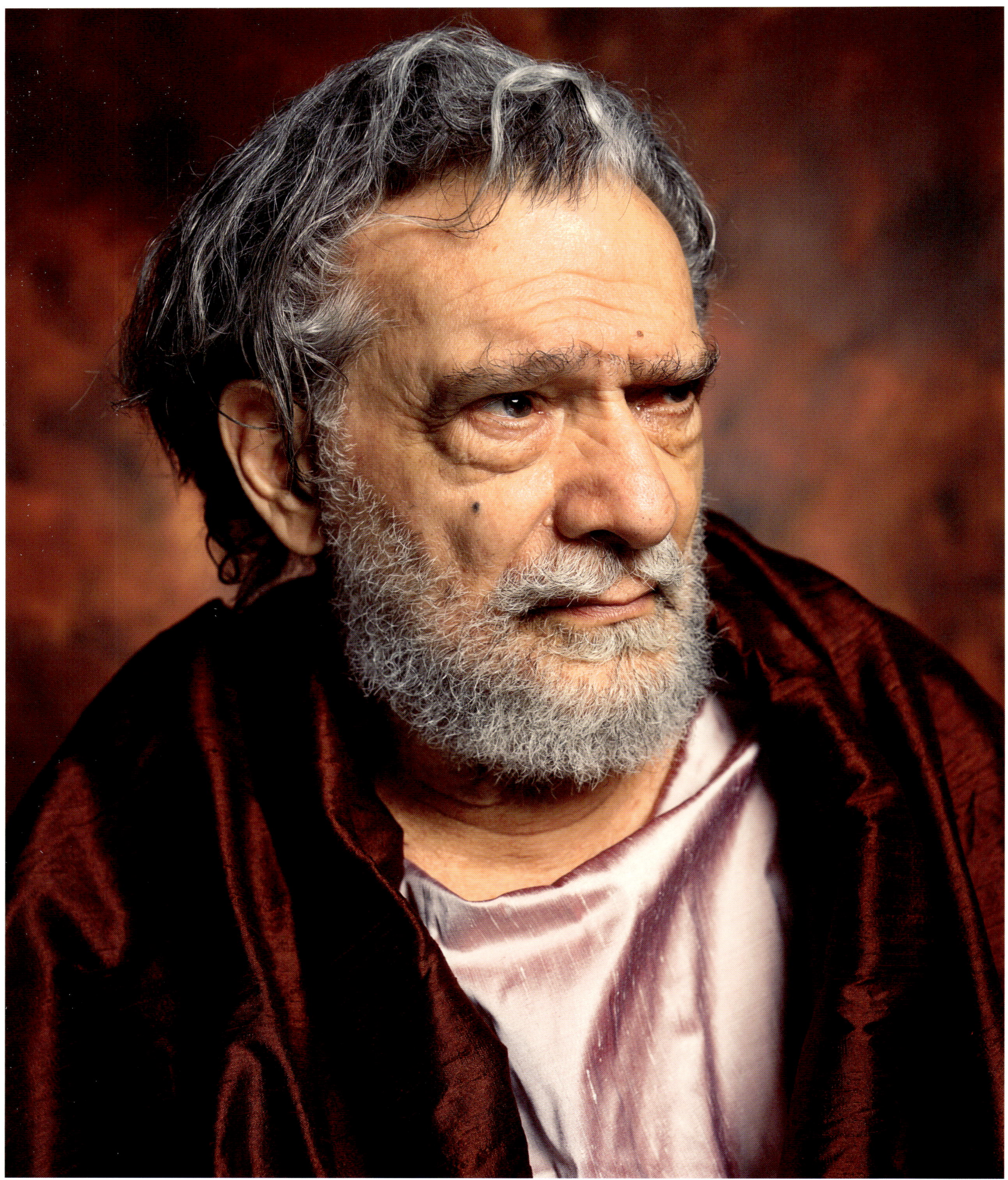

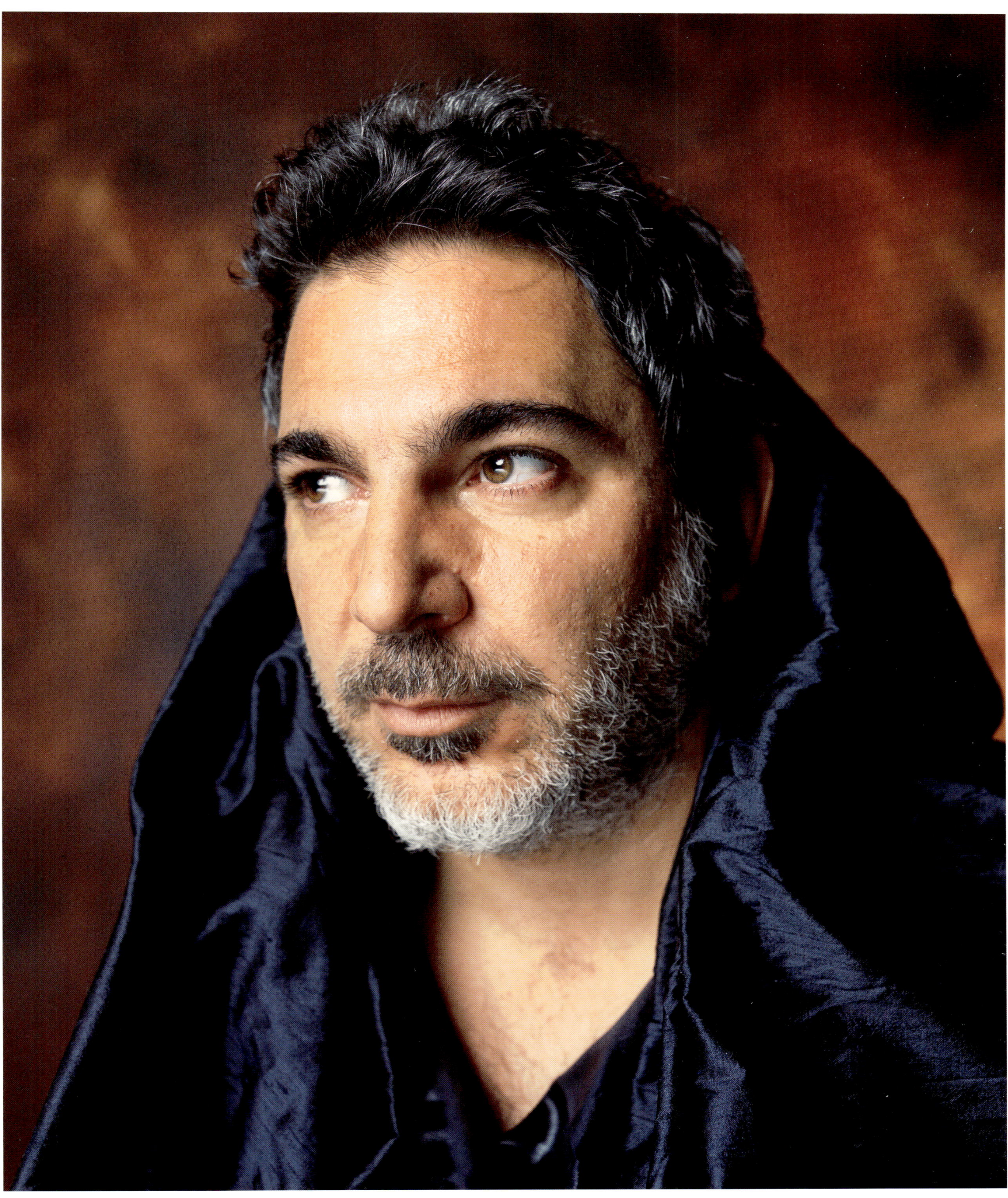

STATIONS OF THE CROSS

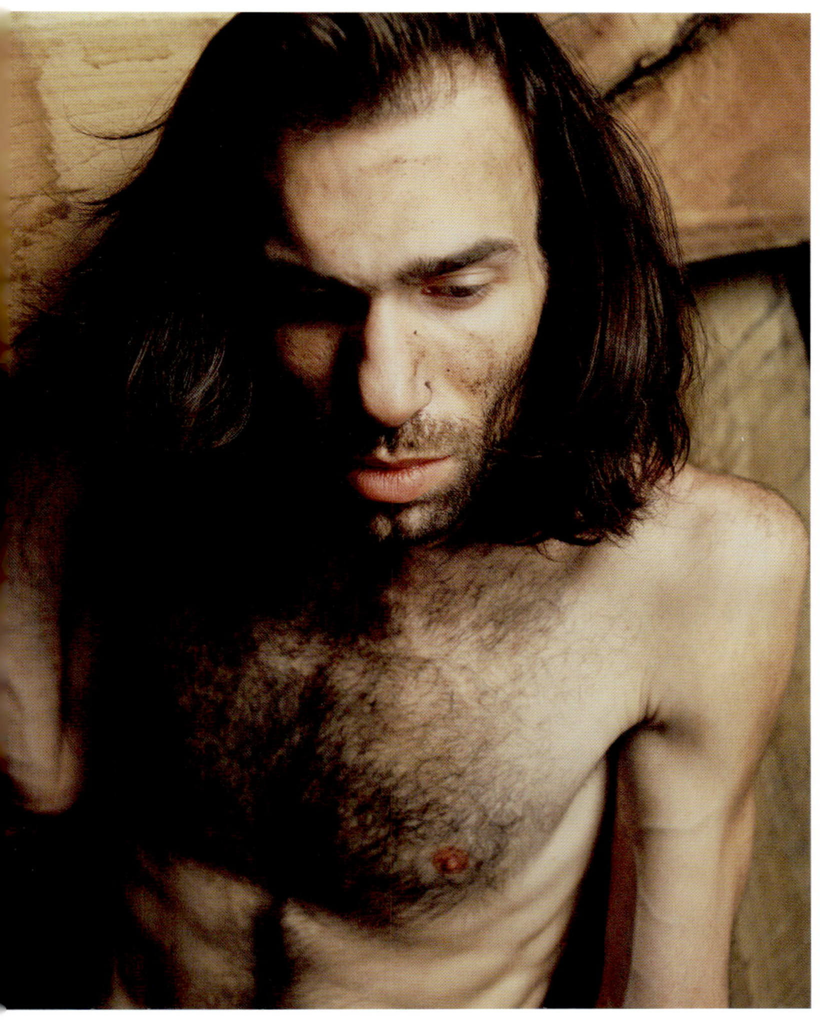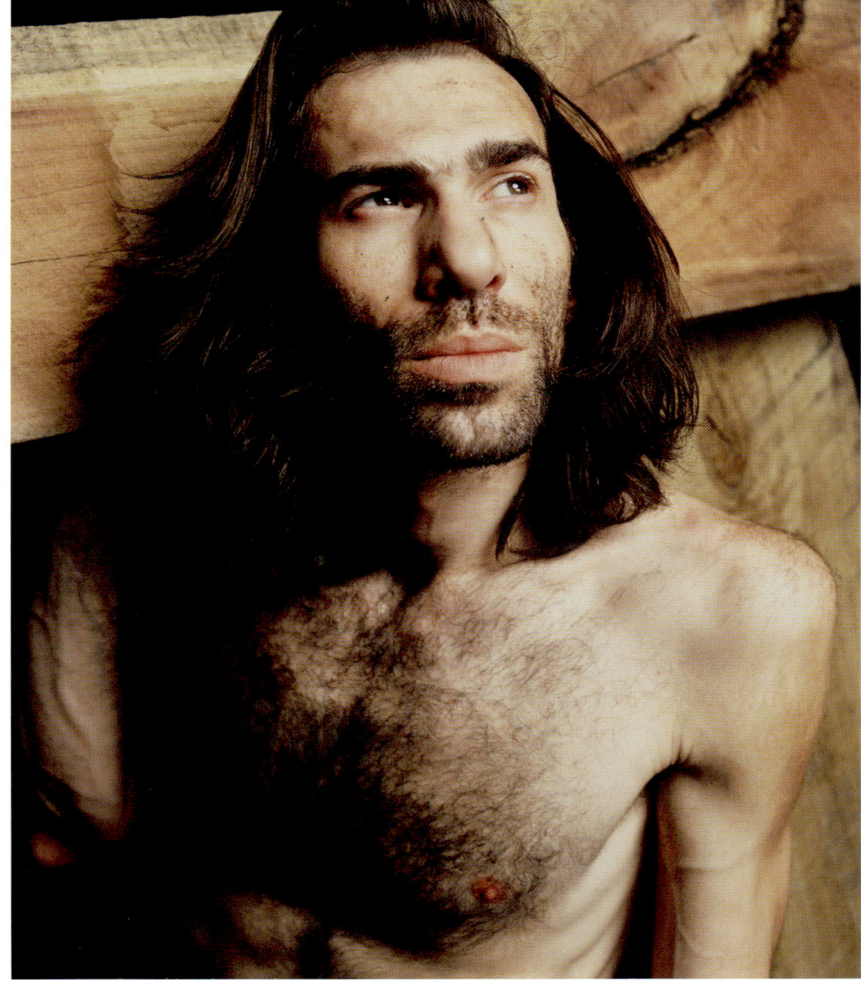

Corpus Christi

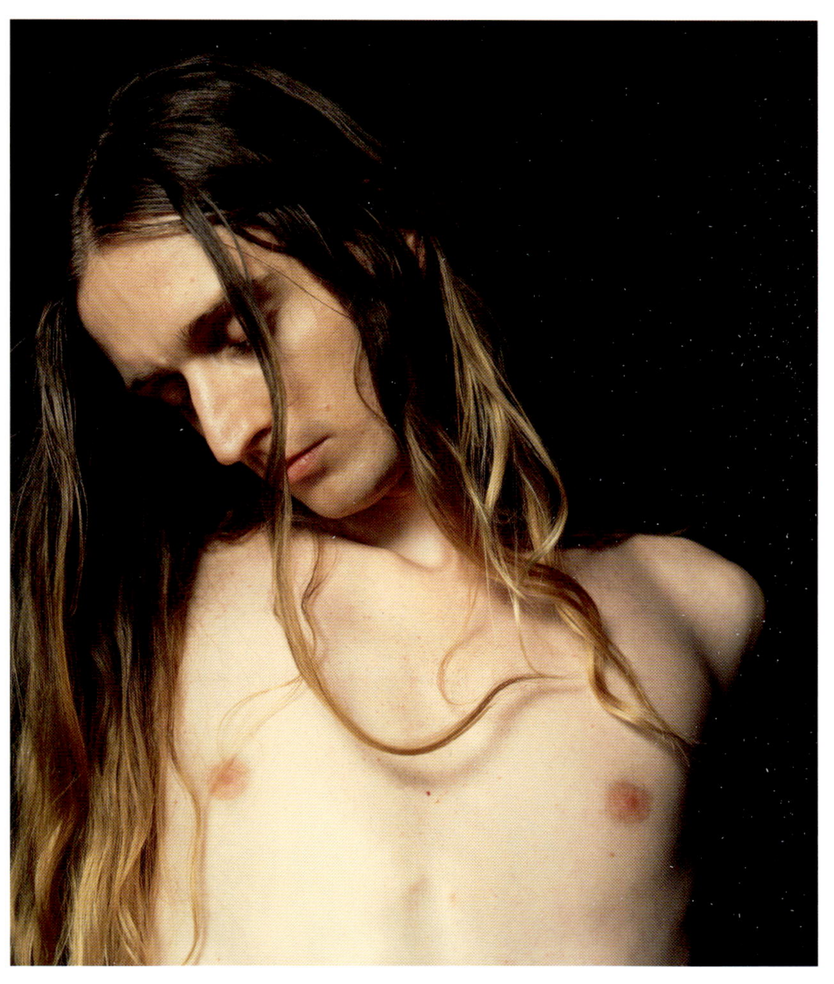
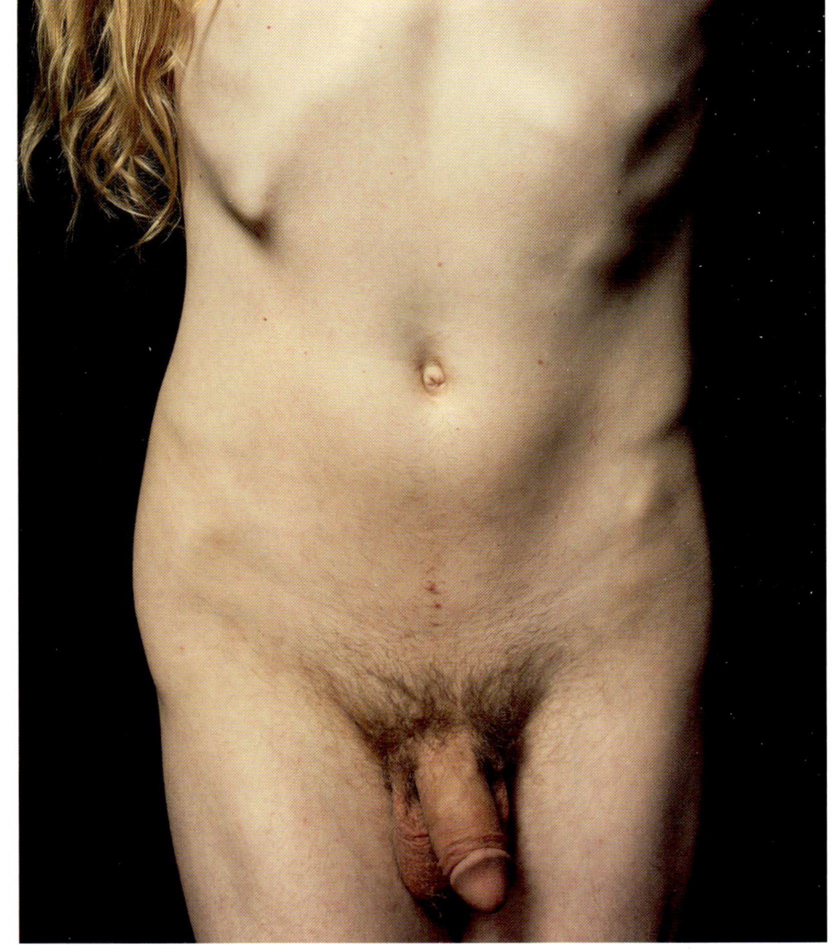

Blood Madonna

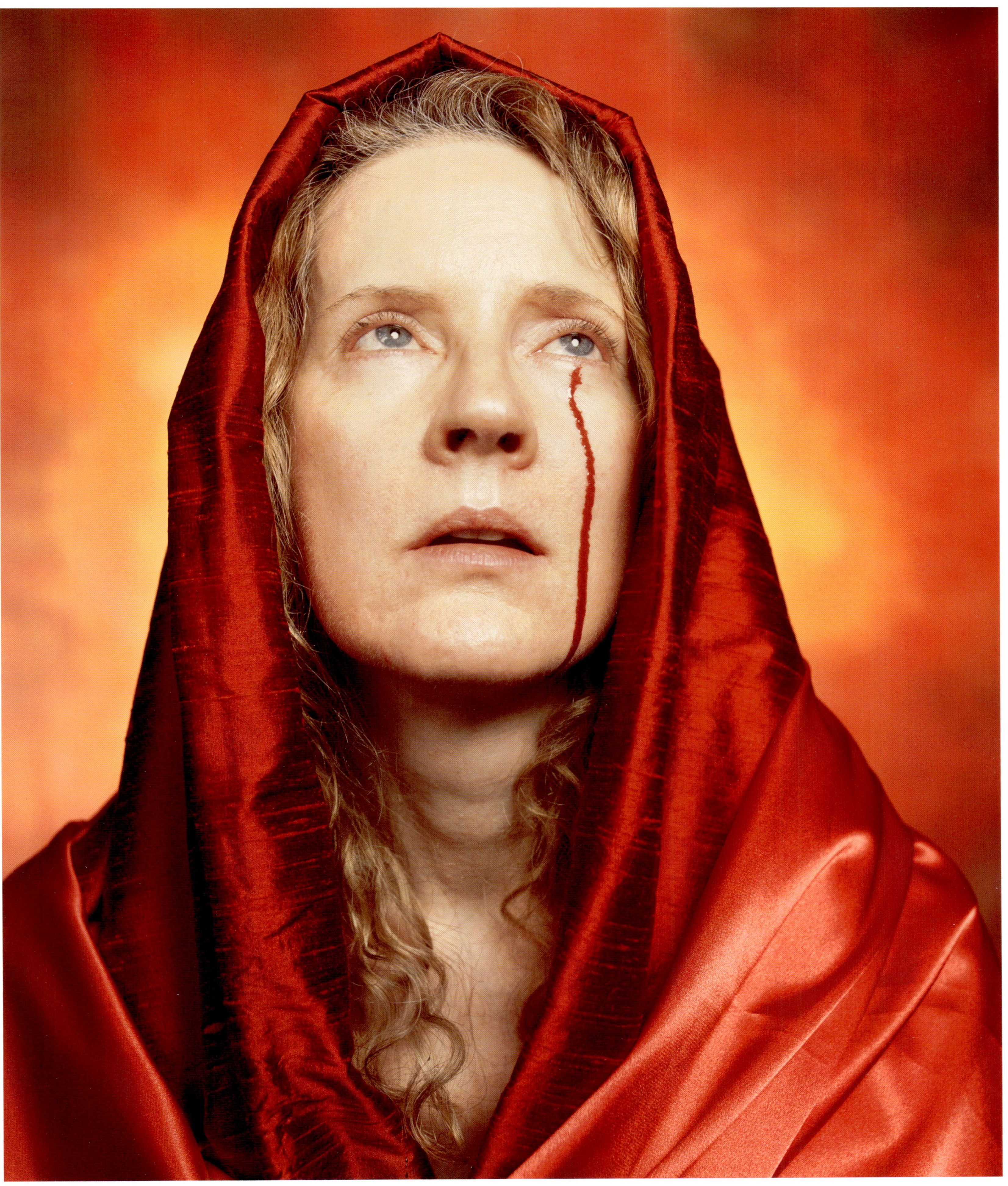

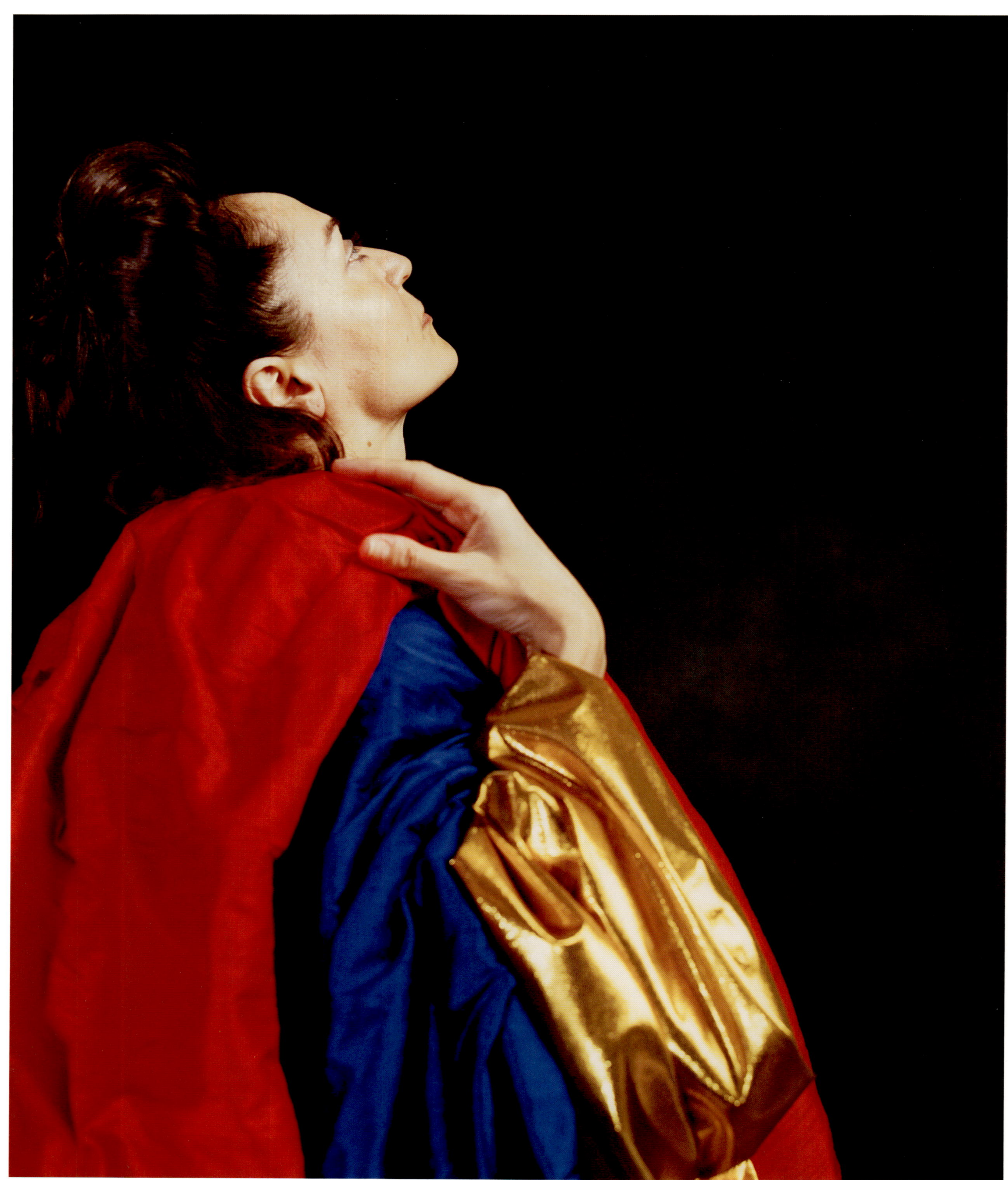

CRUCIFIXION I AND II

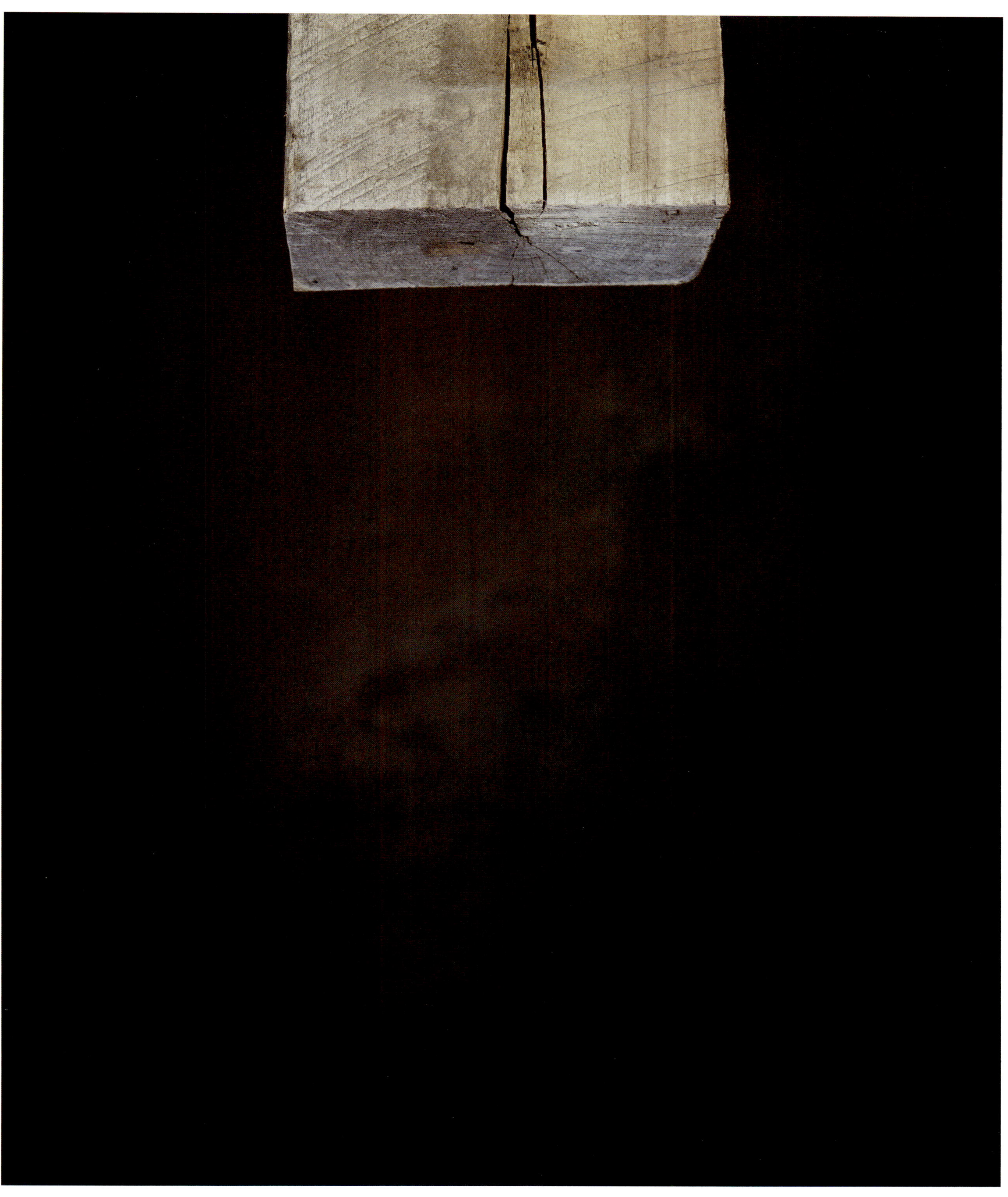

ST. ANTHONY'S BLOOD

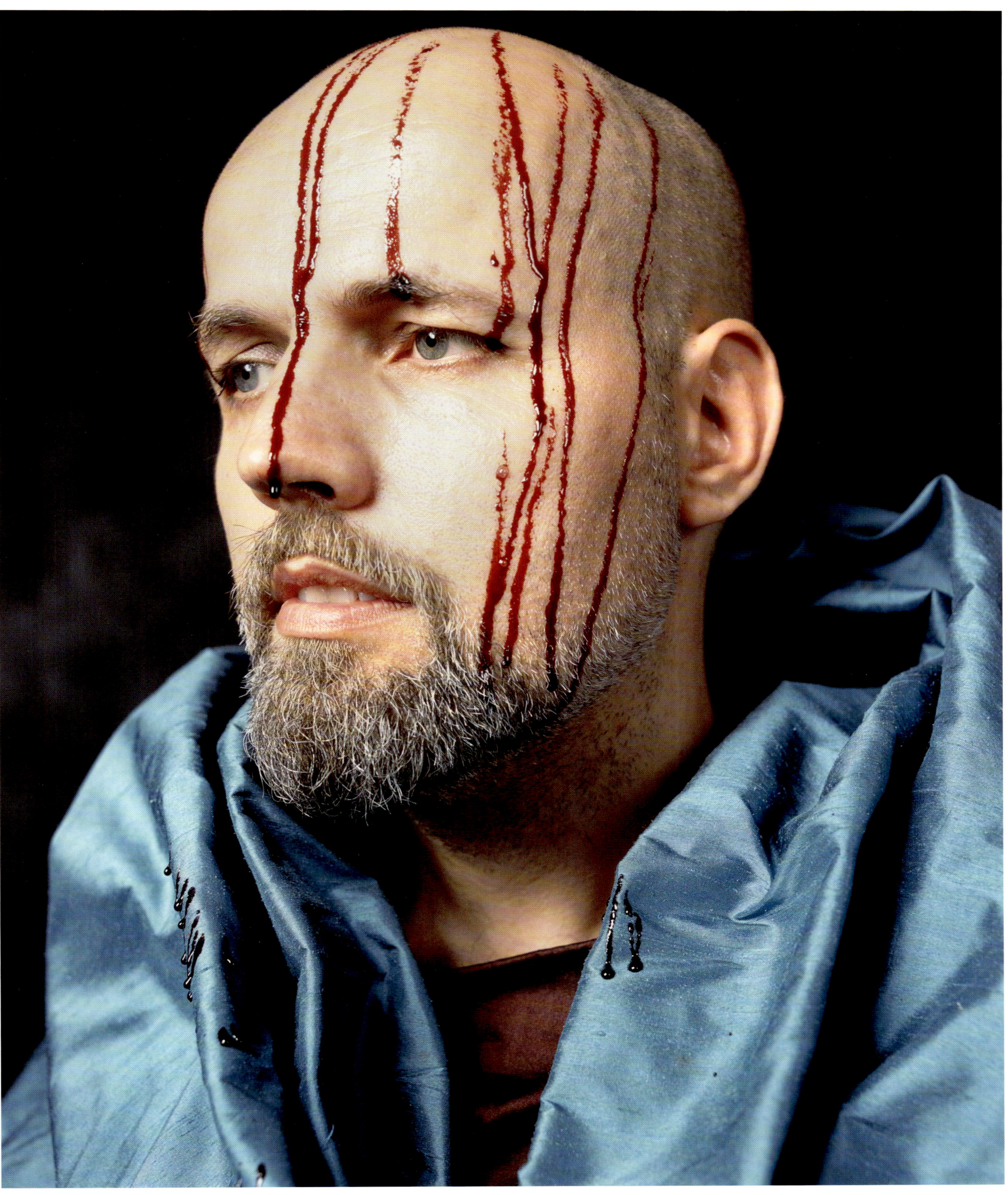

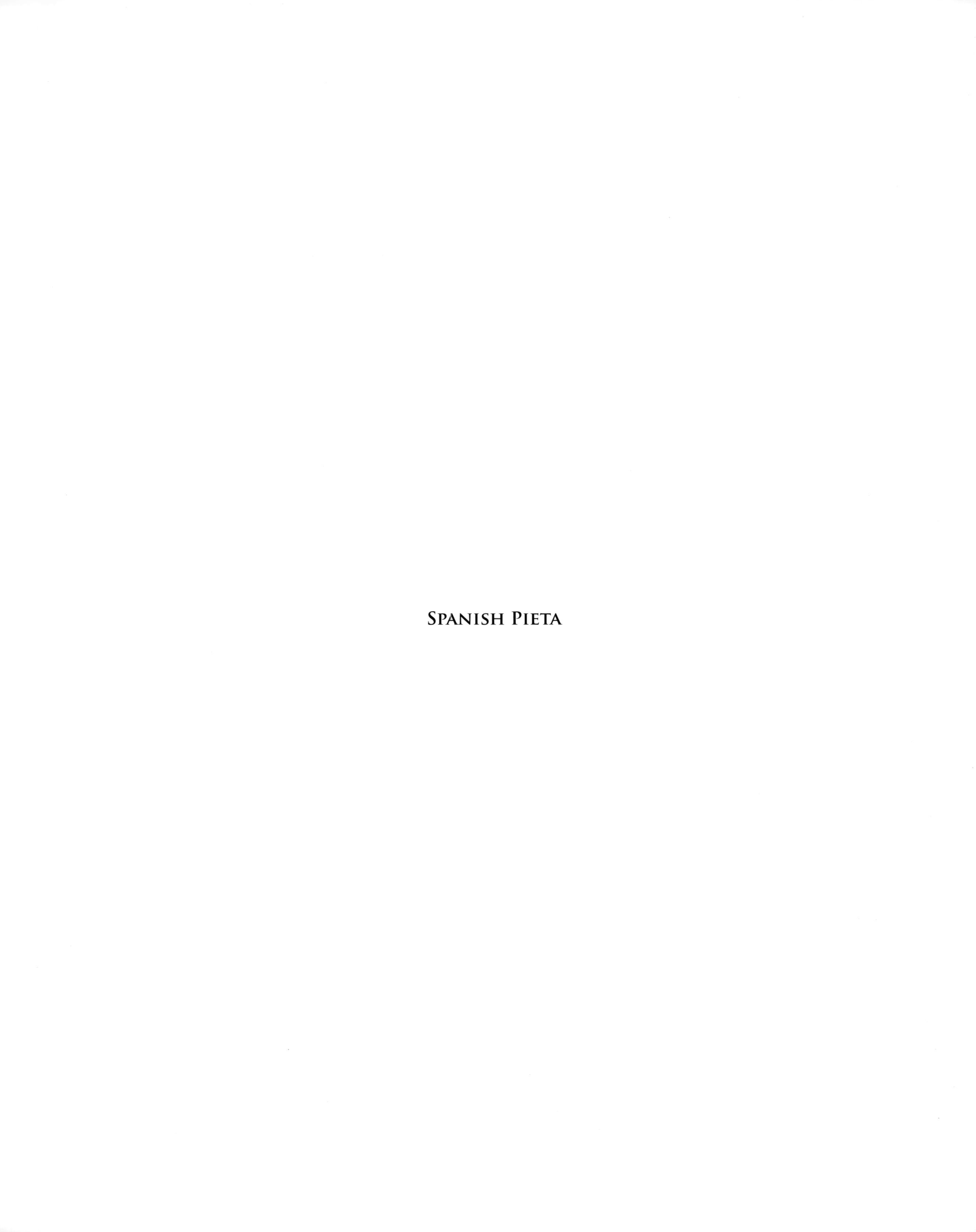

SPANISH PIETA

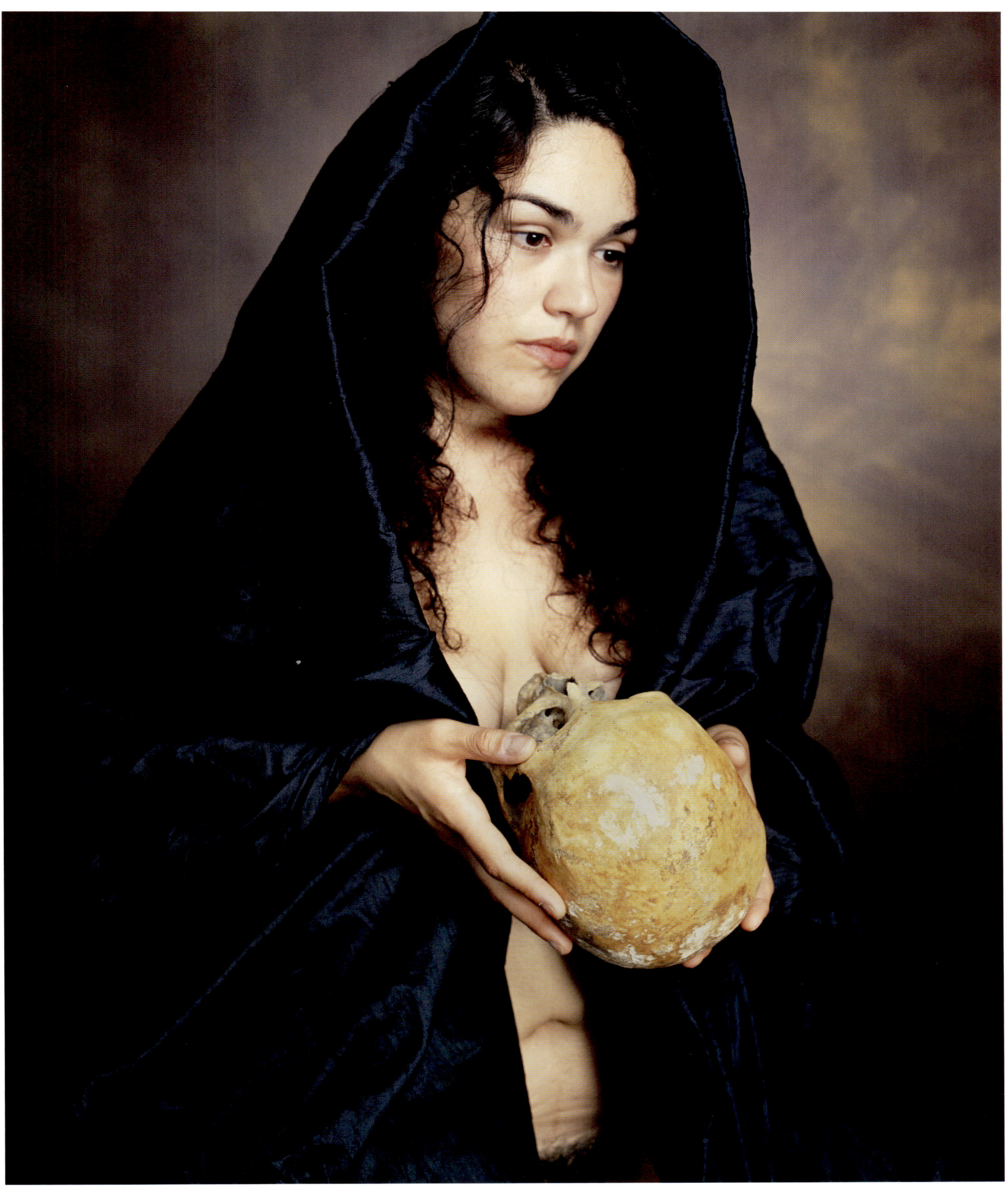

Salvator Mundi

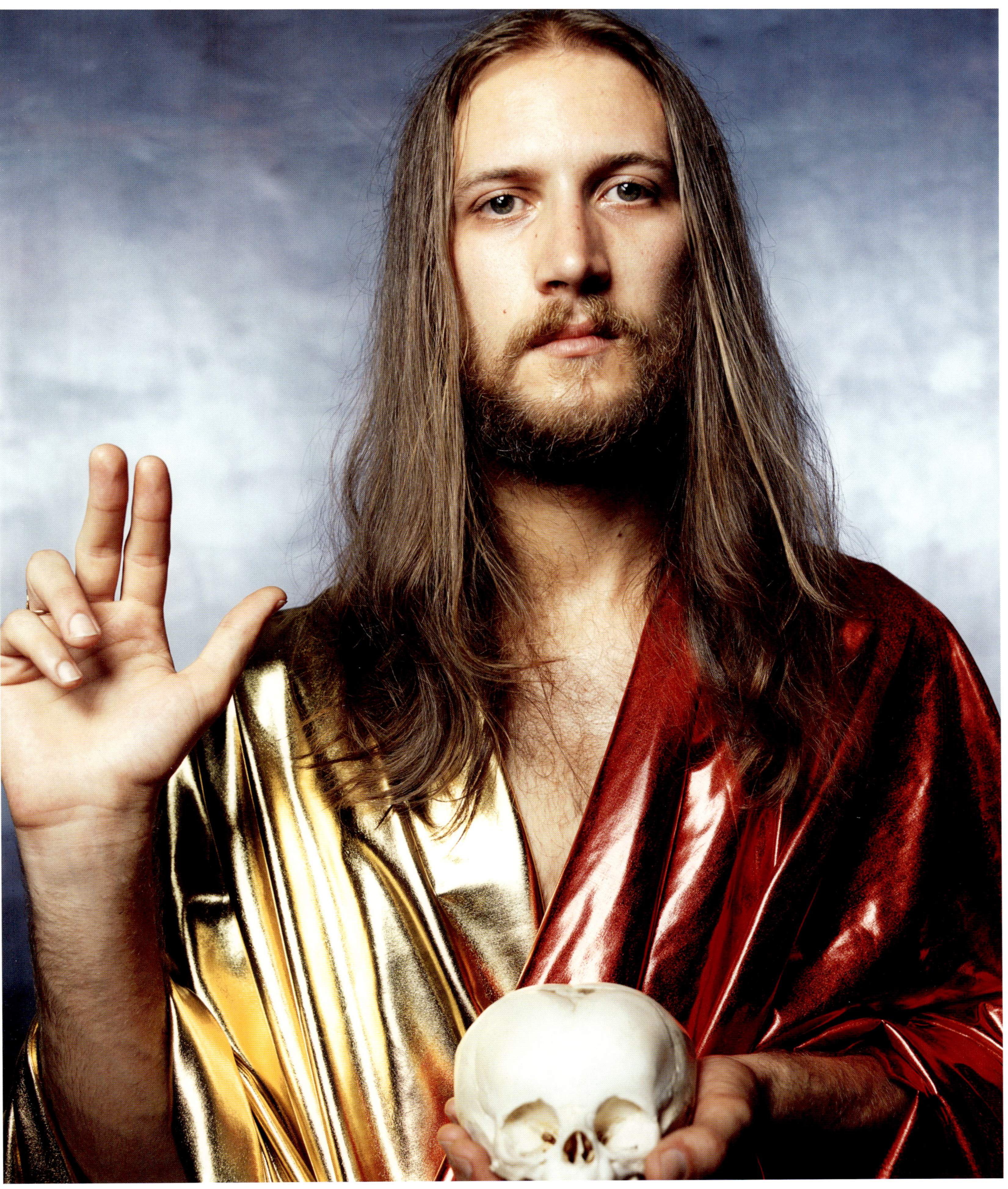

La Chinoise Madonna

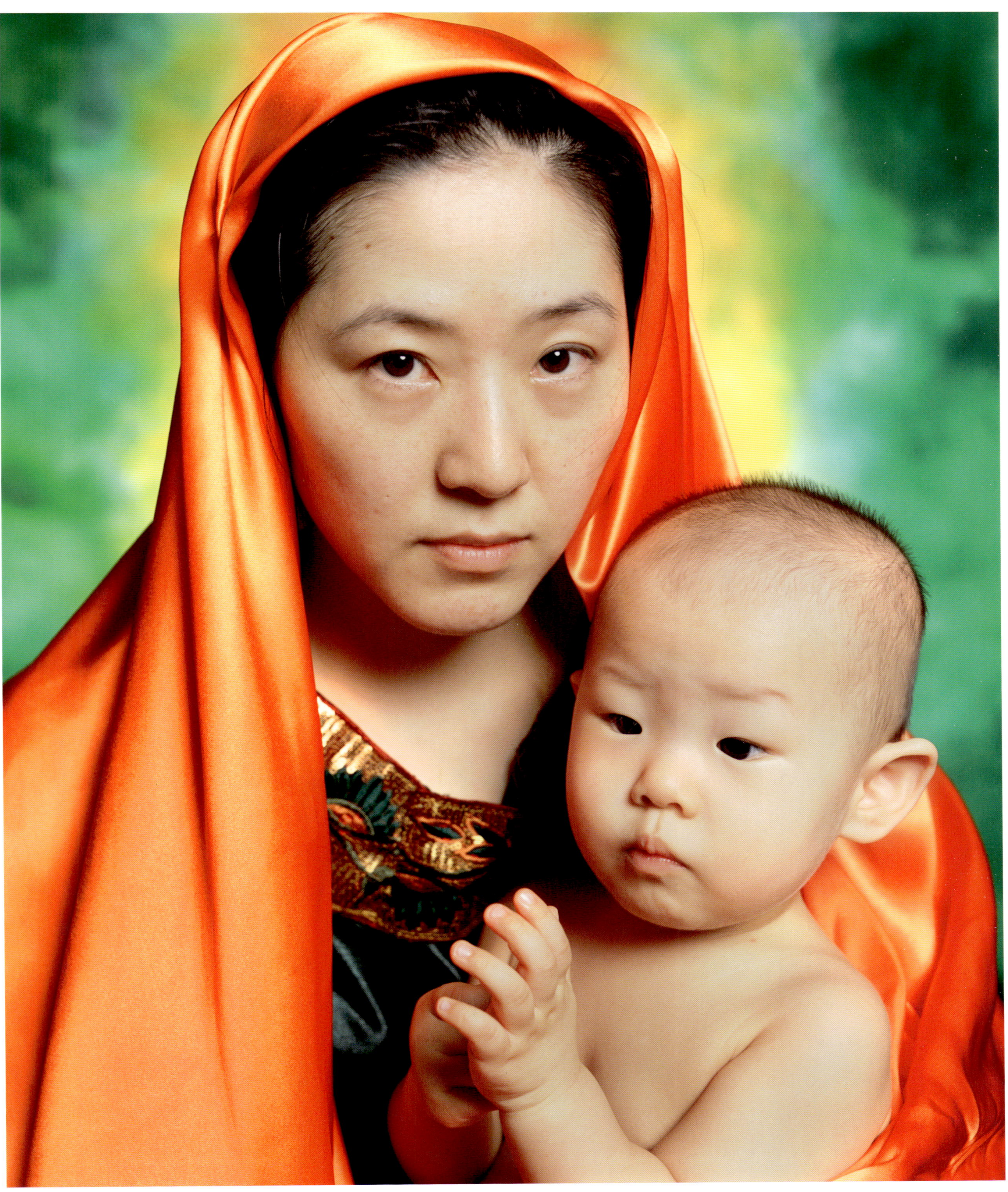

Christ: The Scream

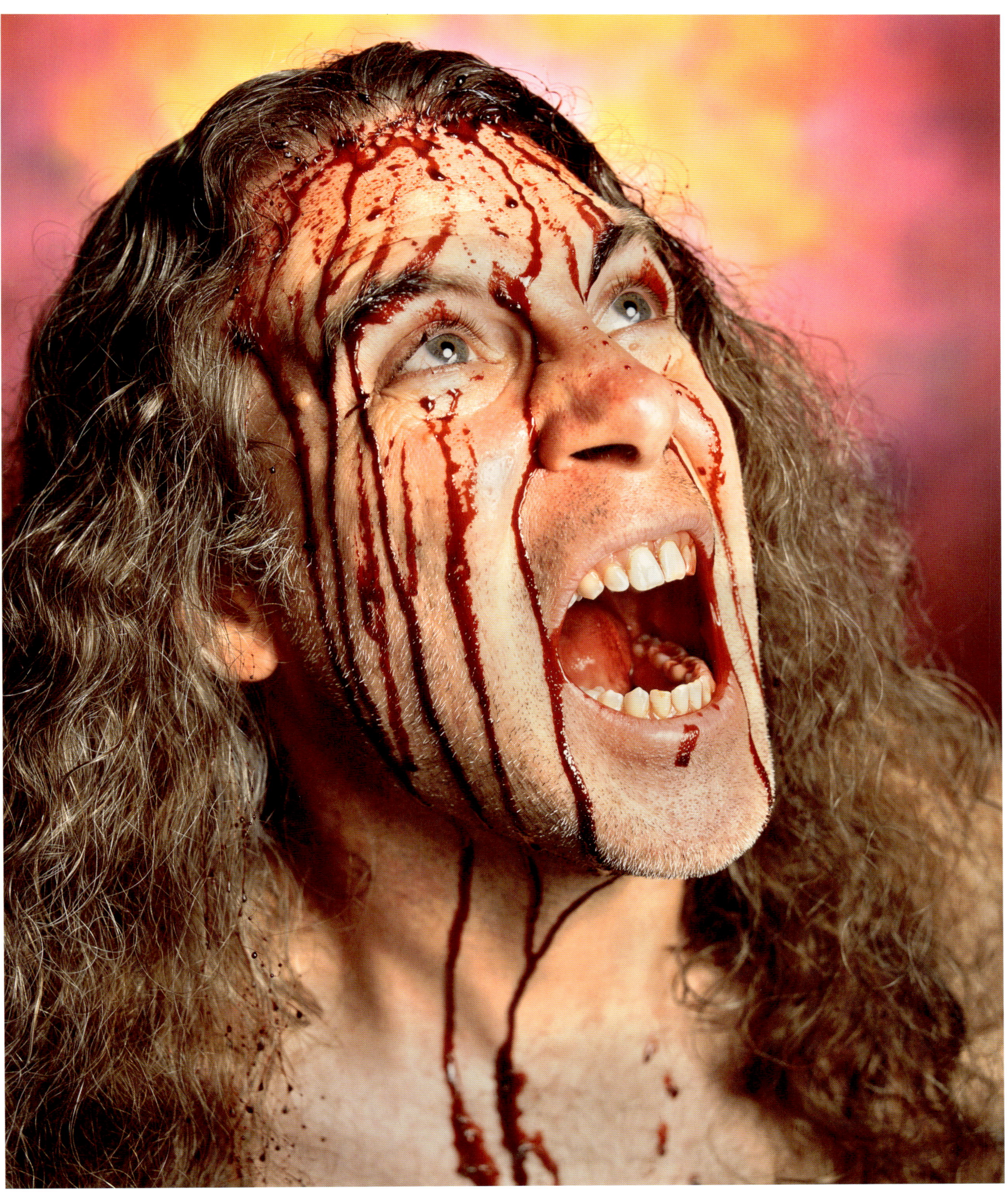

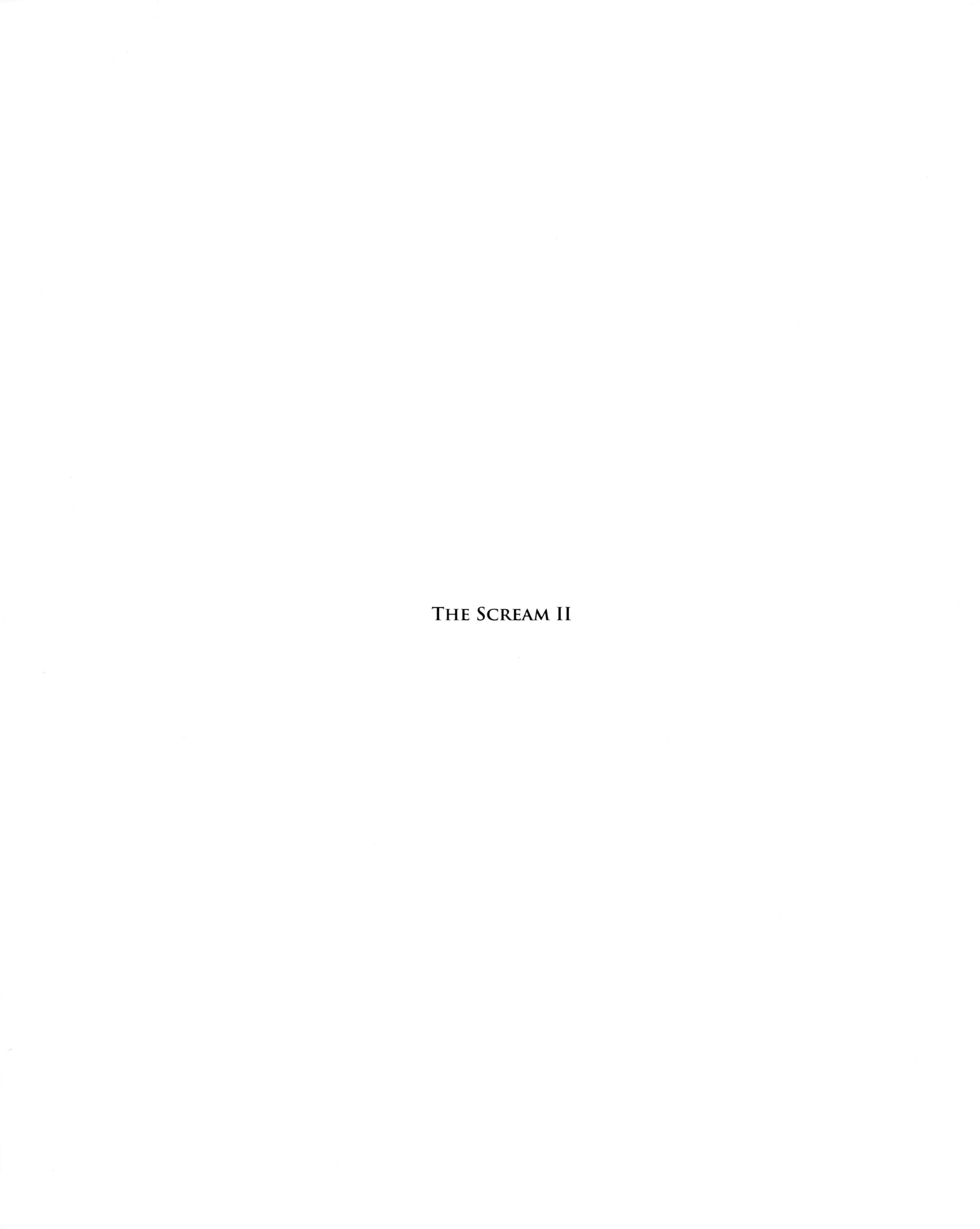

The Scream II

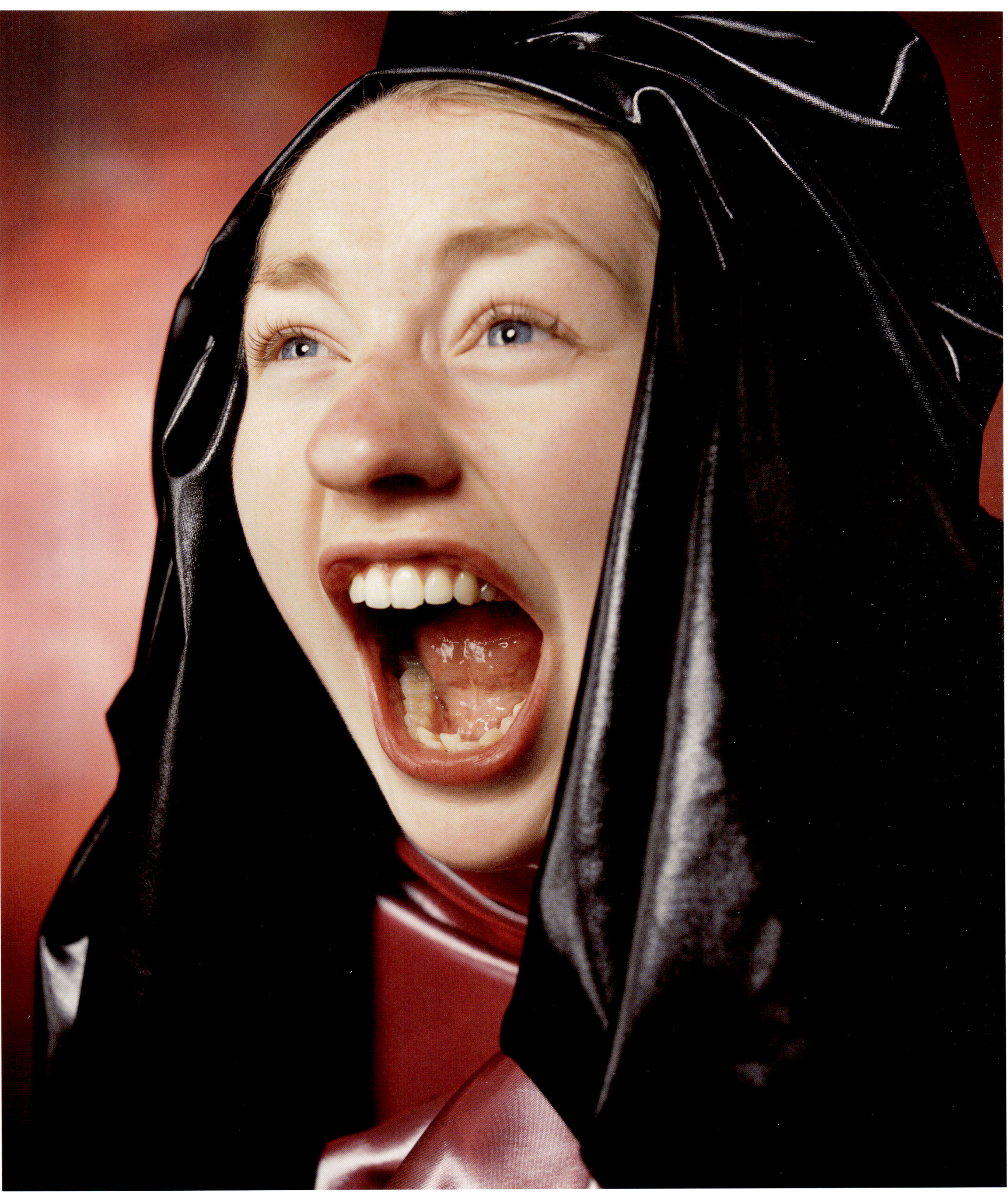

St. Sebastian

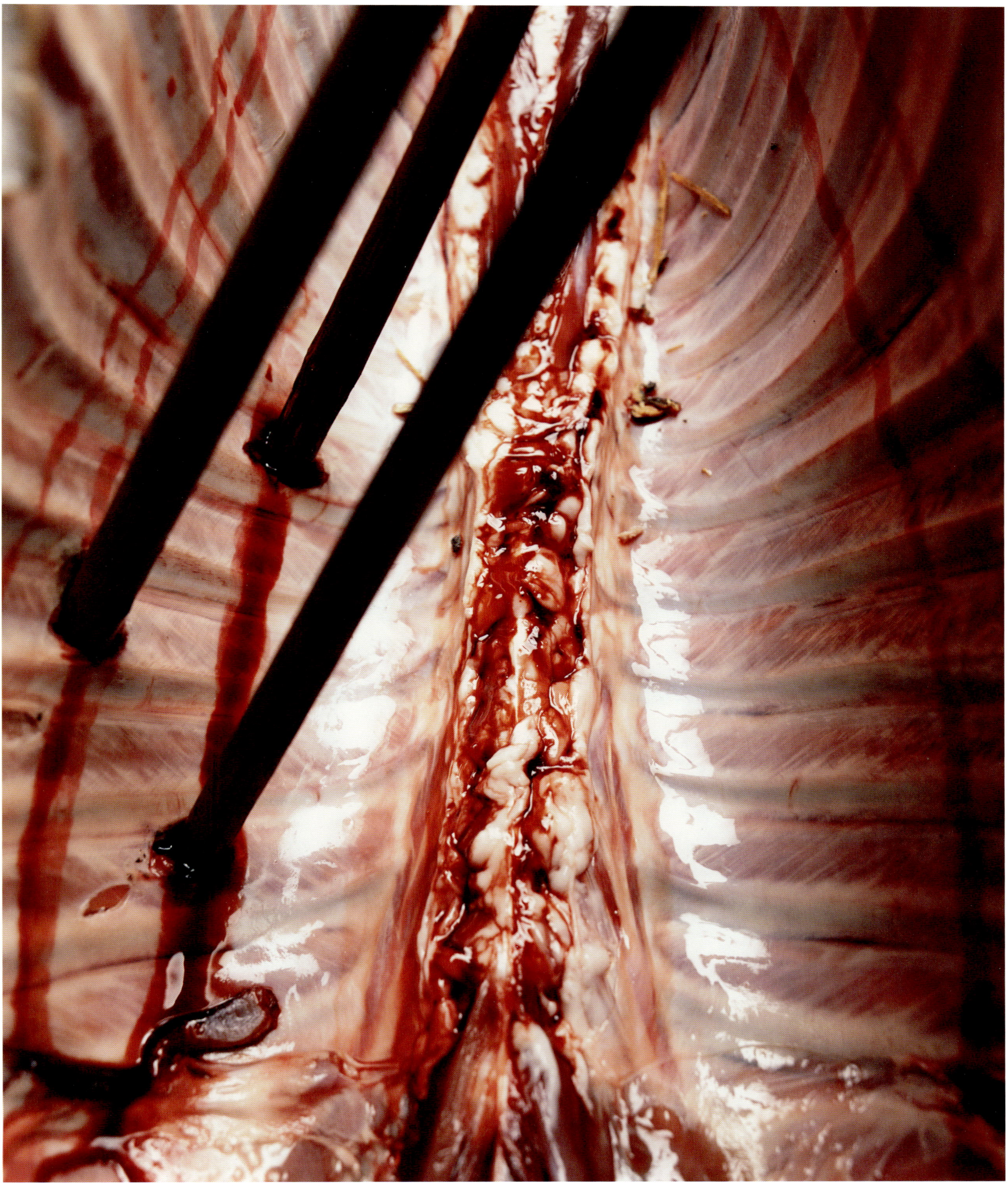

African Madonna

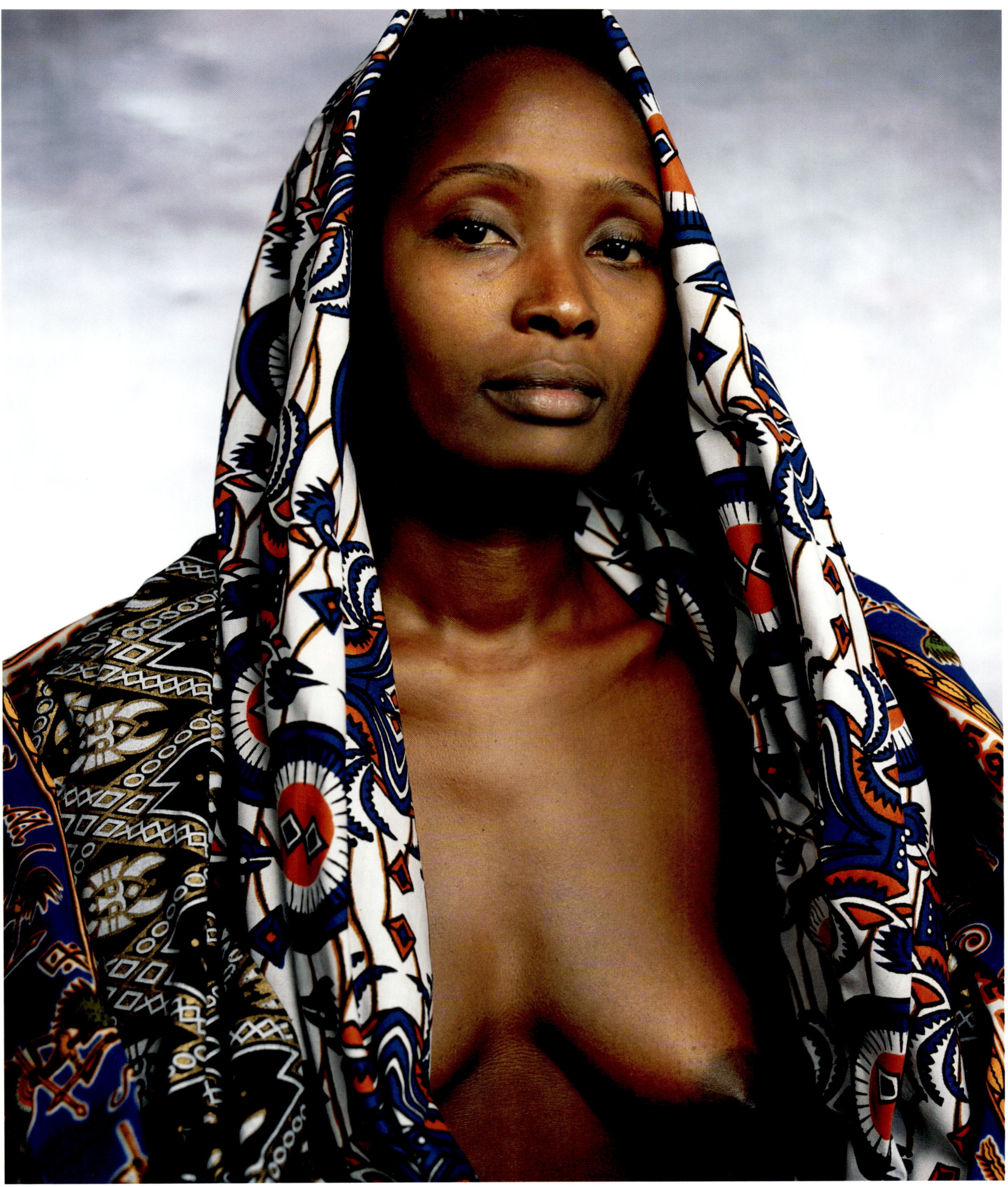

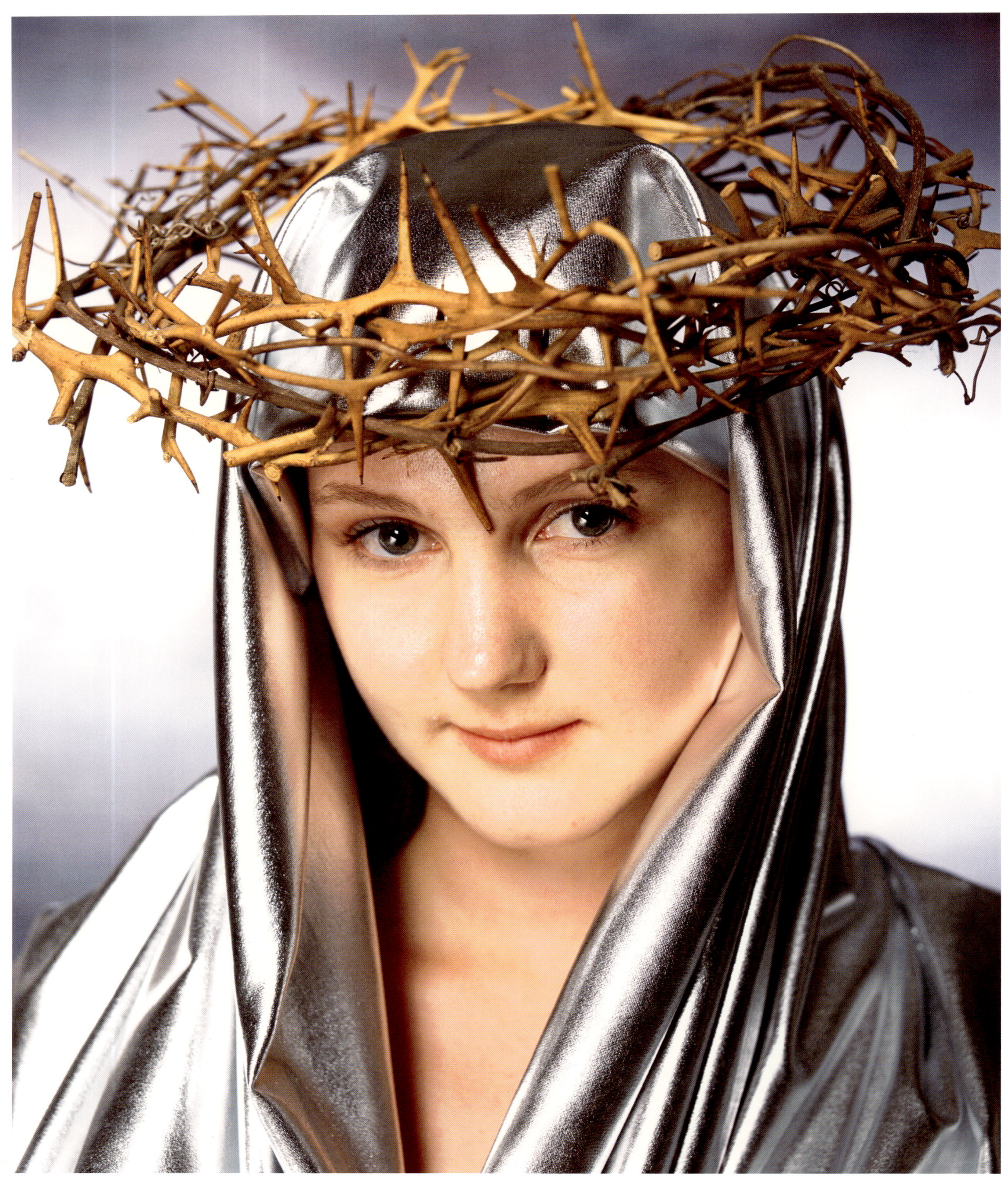

OUR LADY OF THE THORNS I AND II

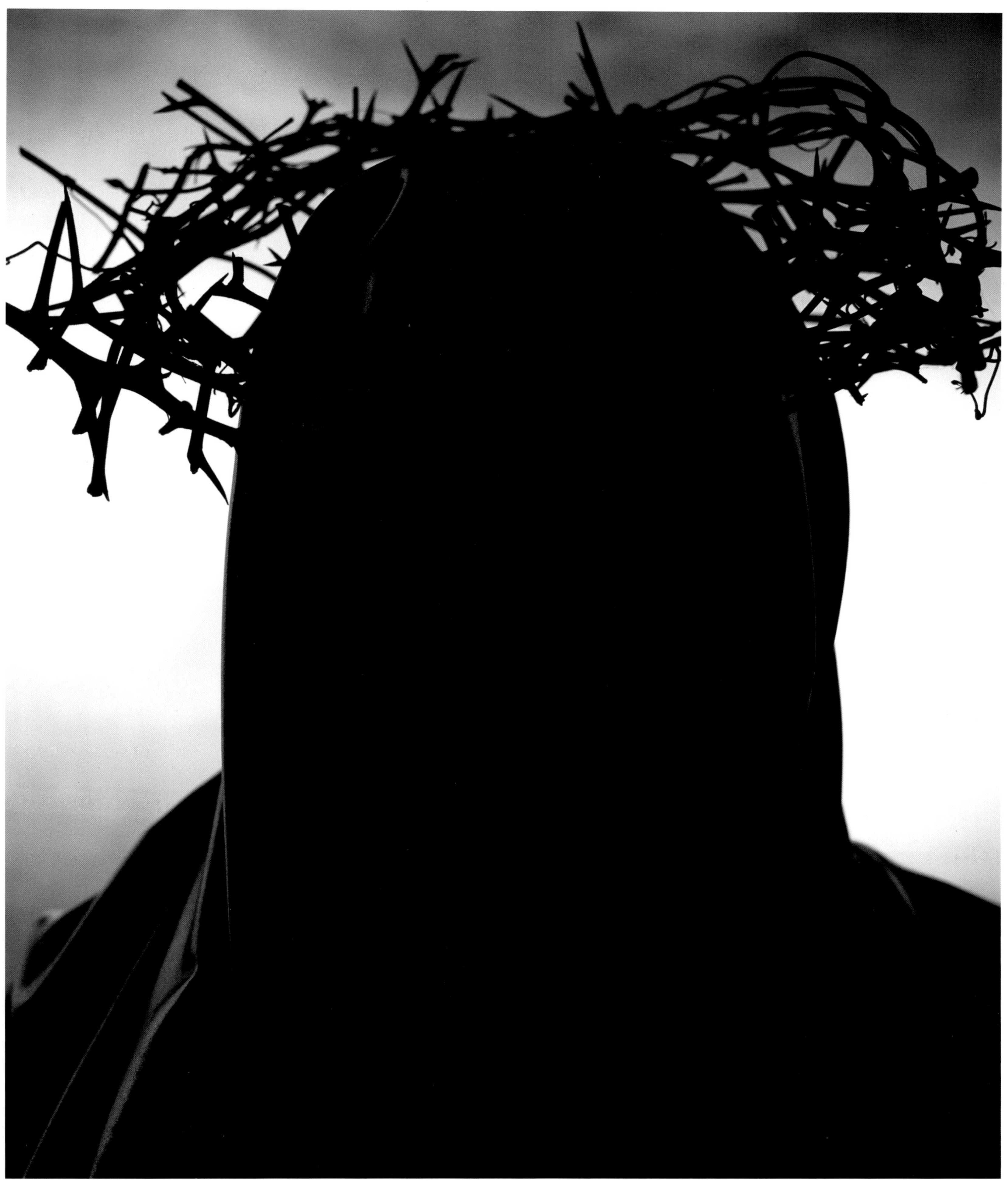

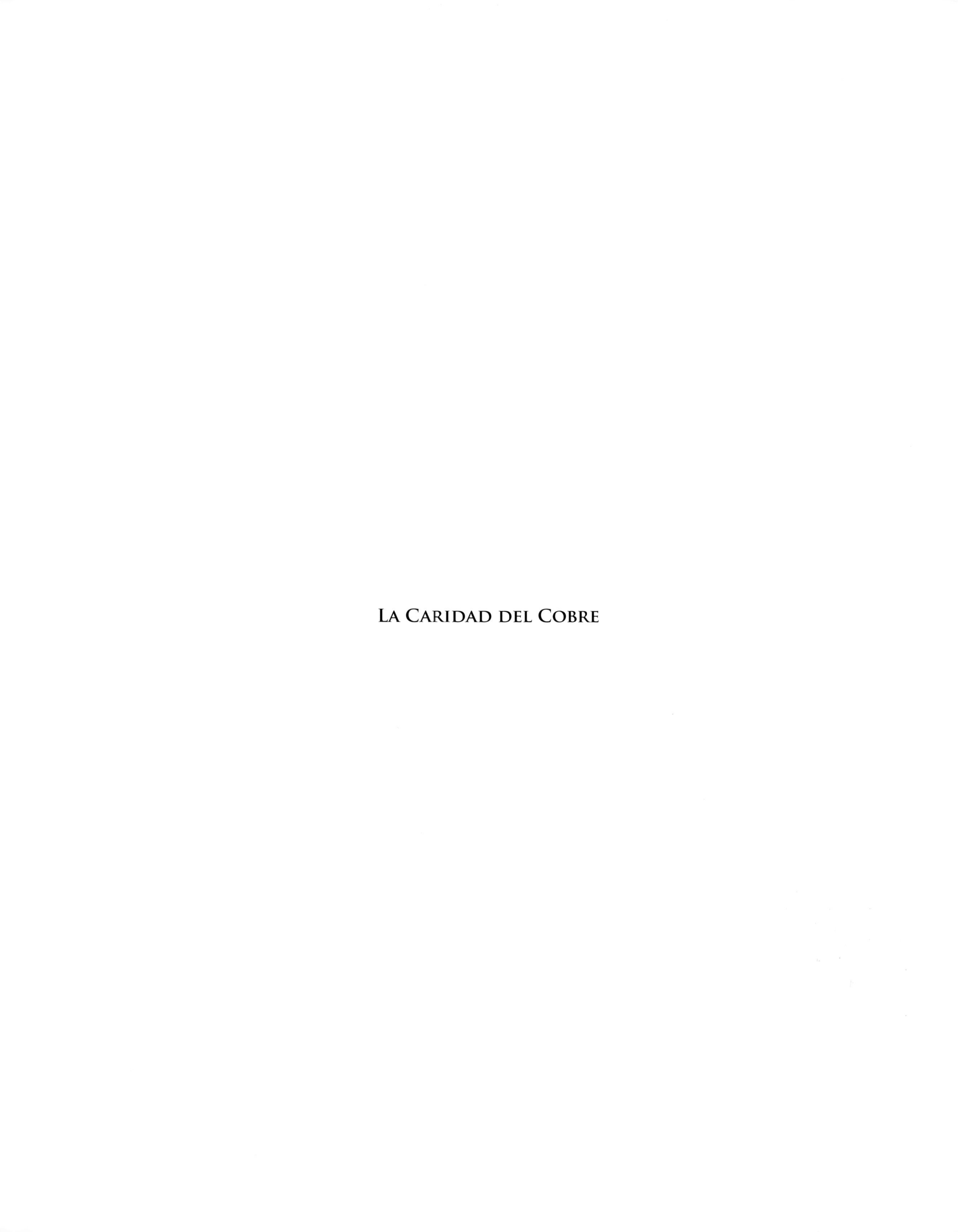

La Caridad del Cobre

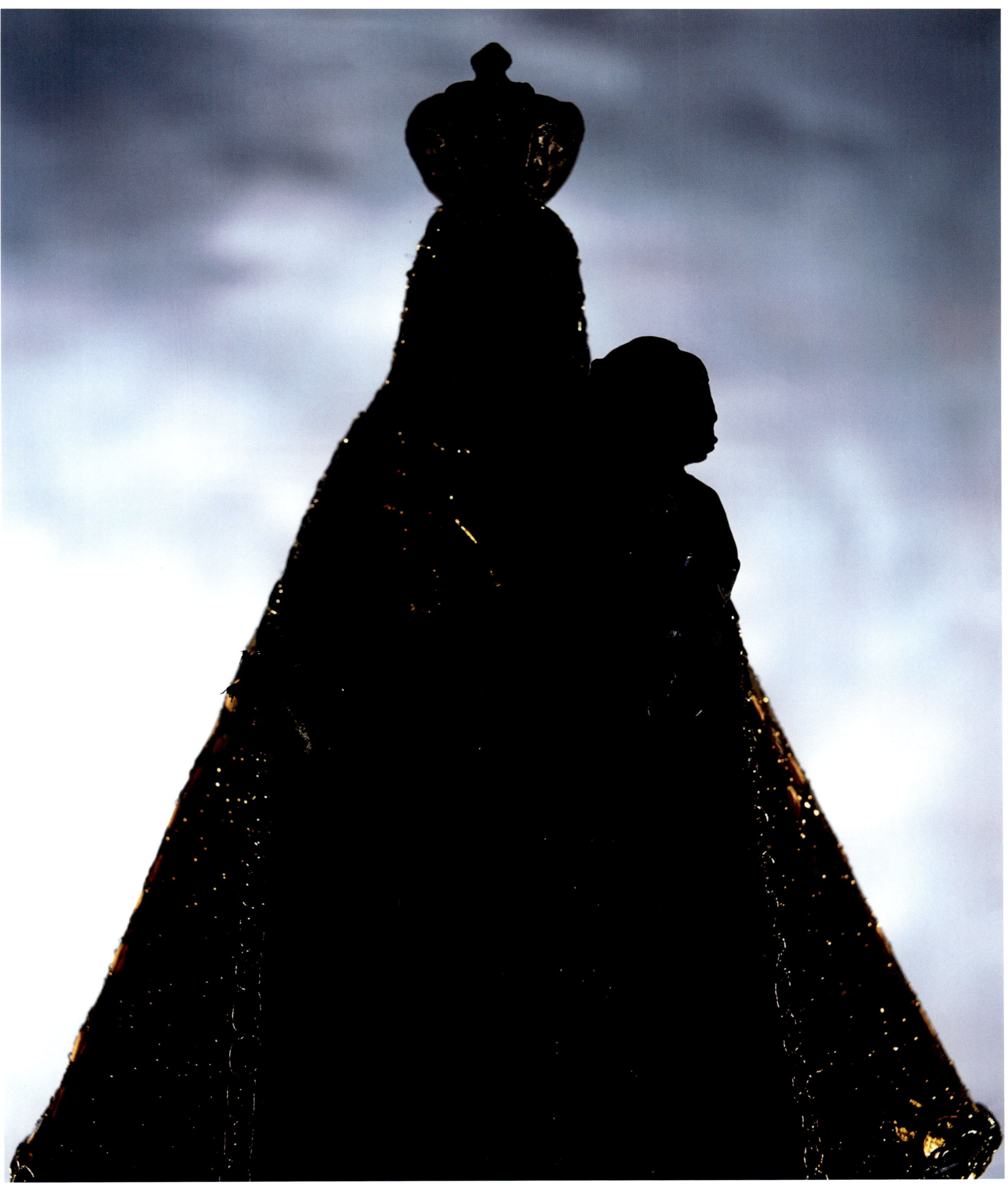

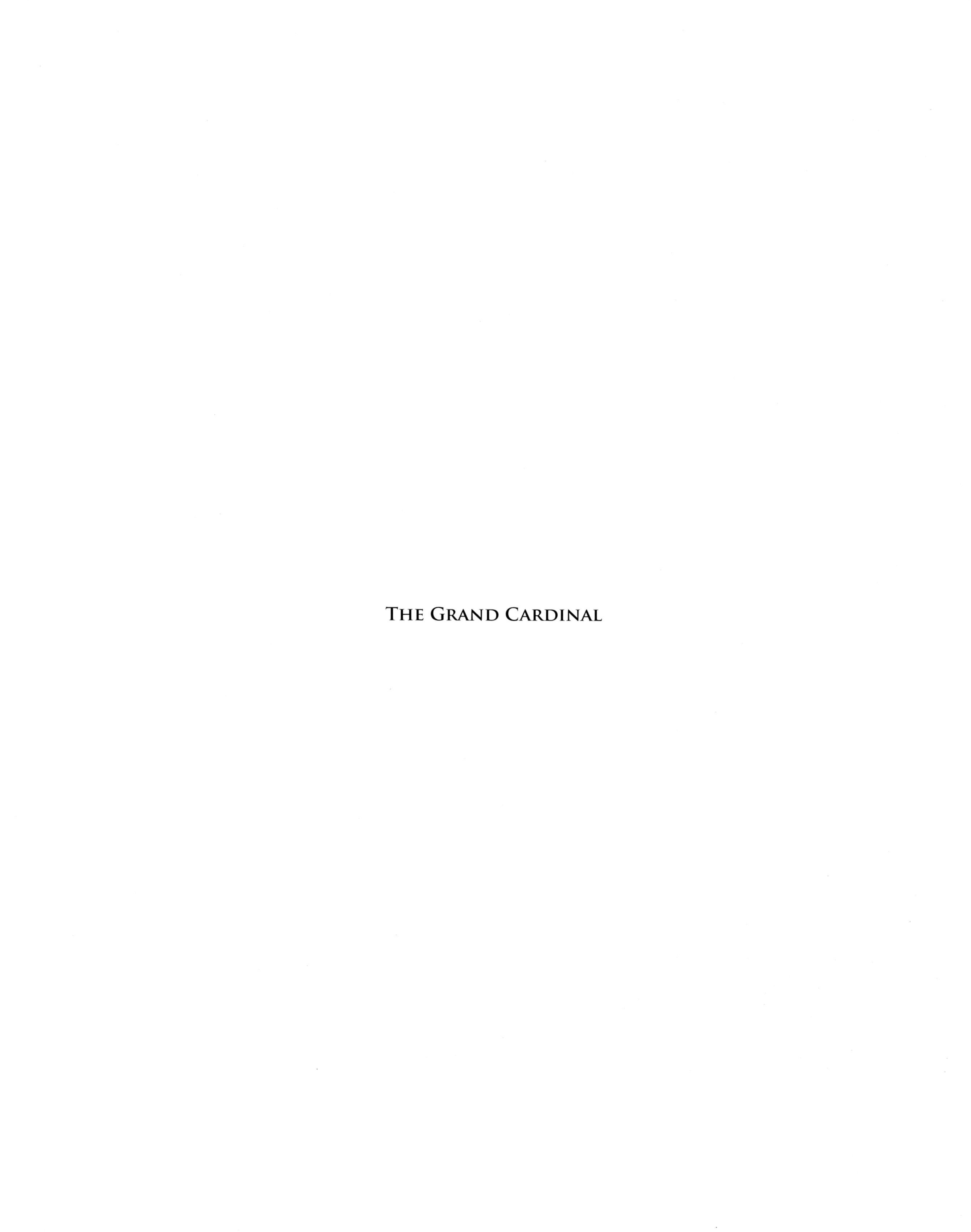

The Grand Cardinal

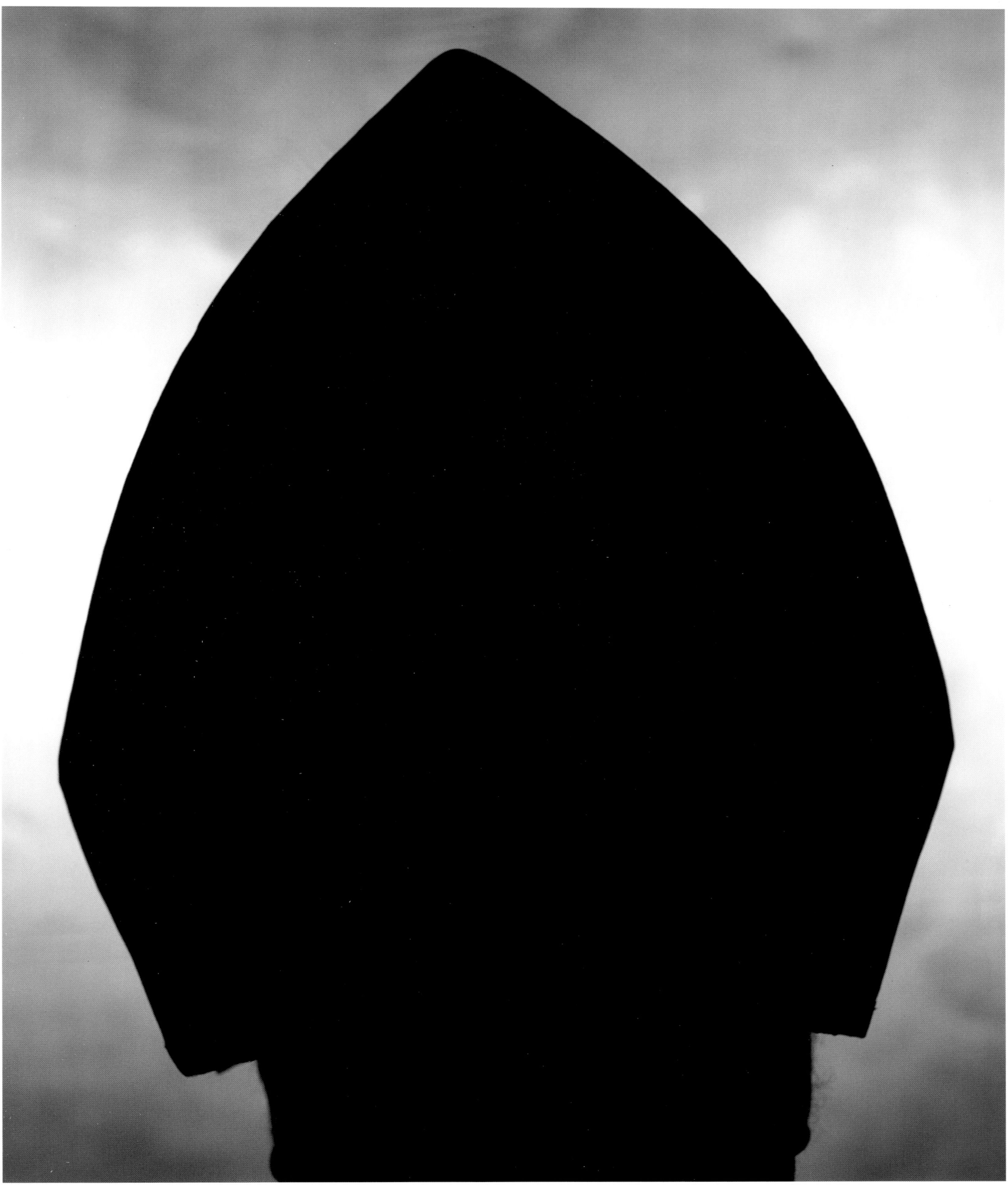

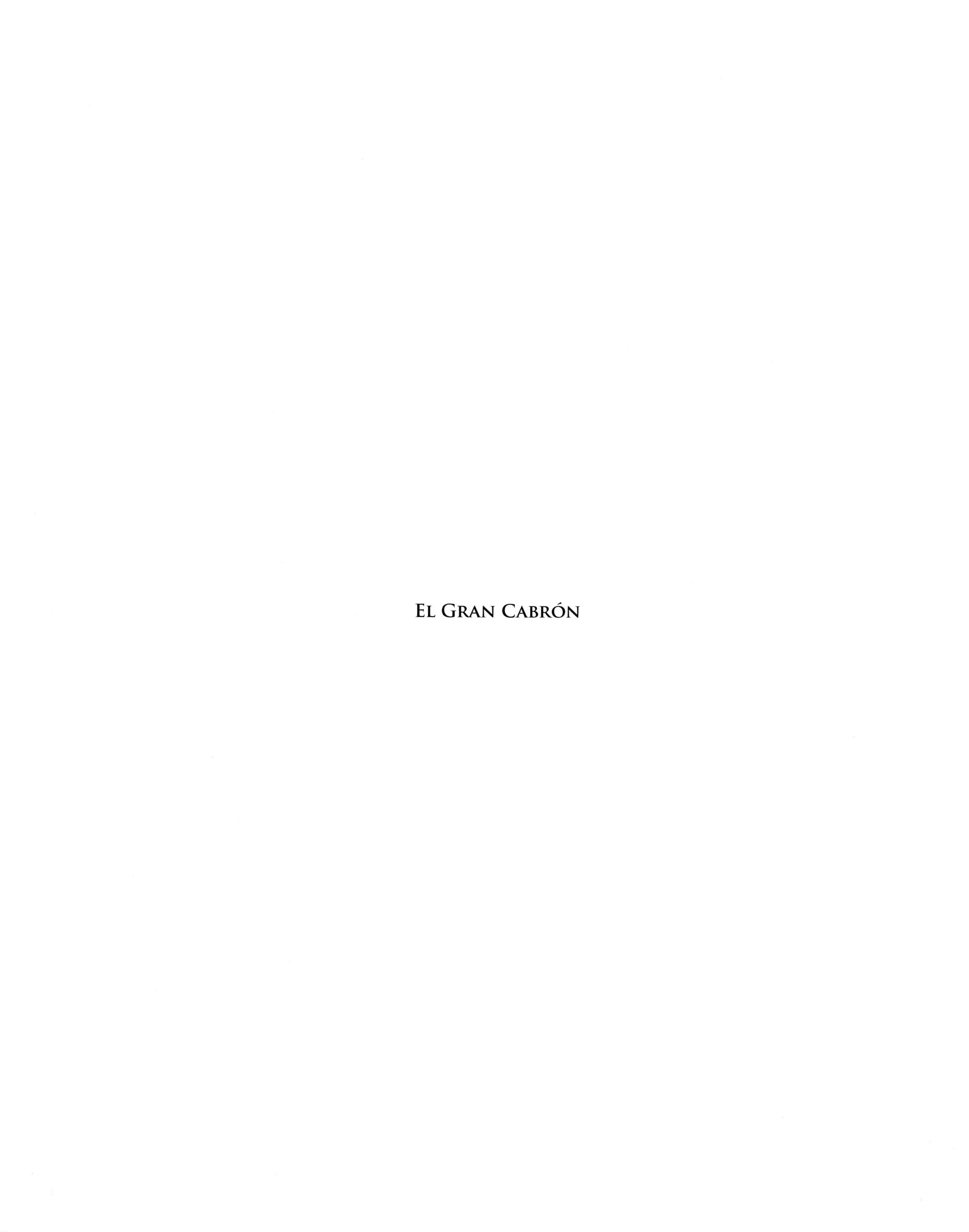

El Gran Cabrón

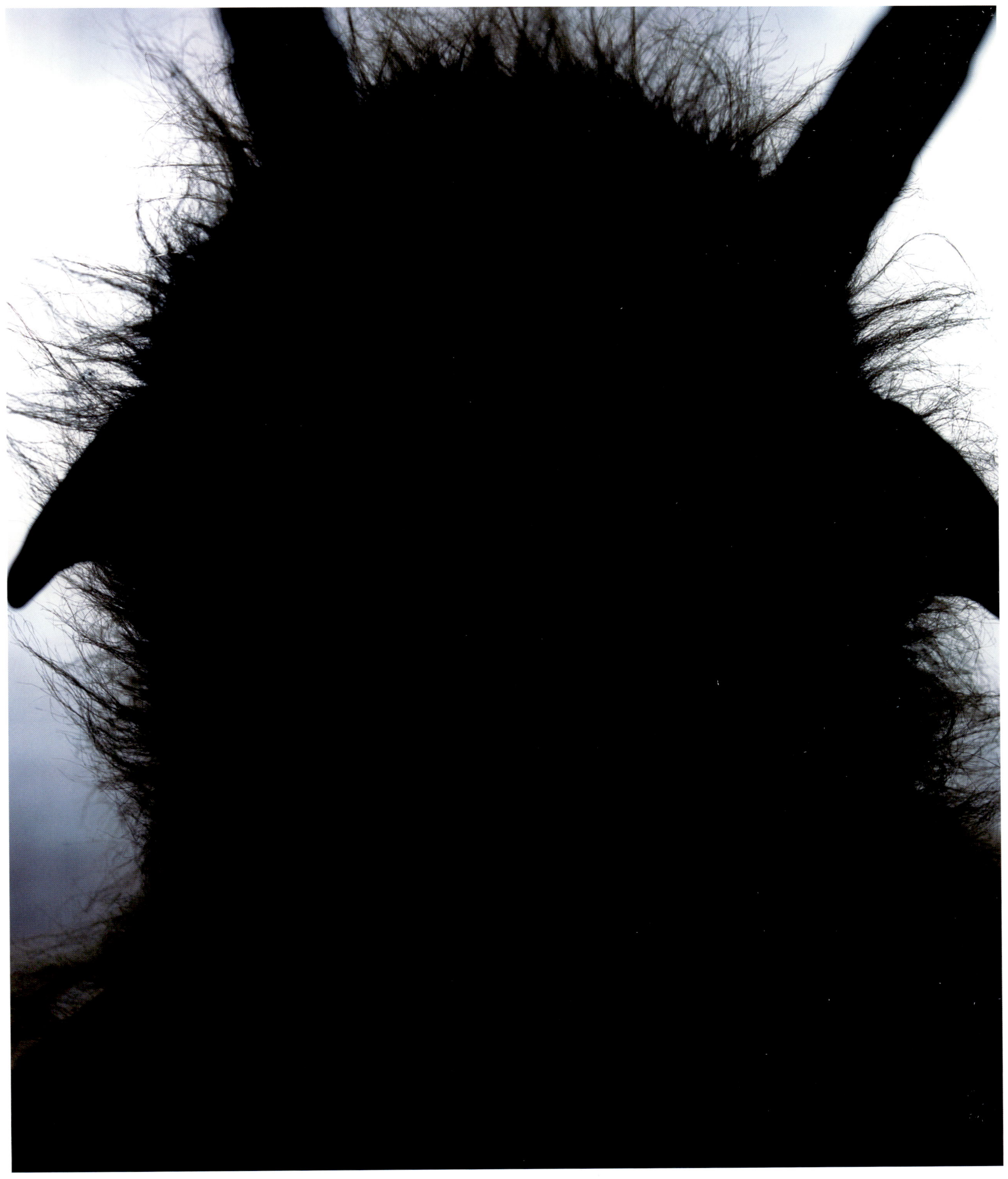

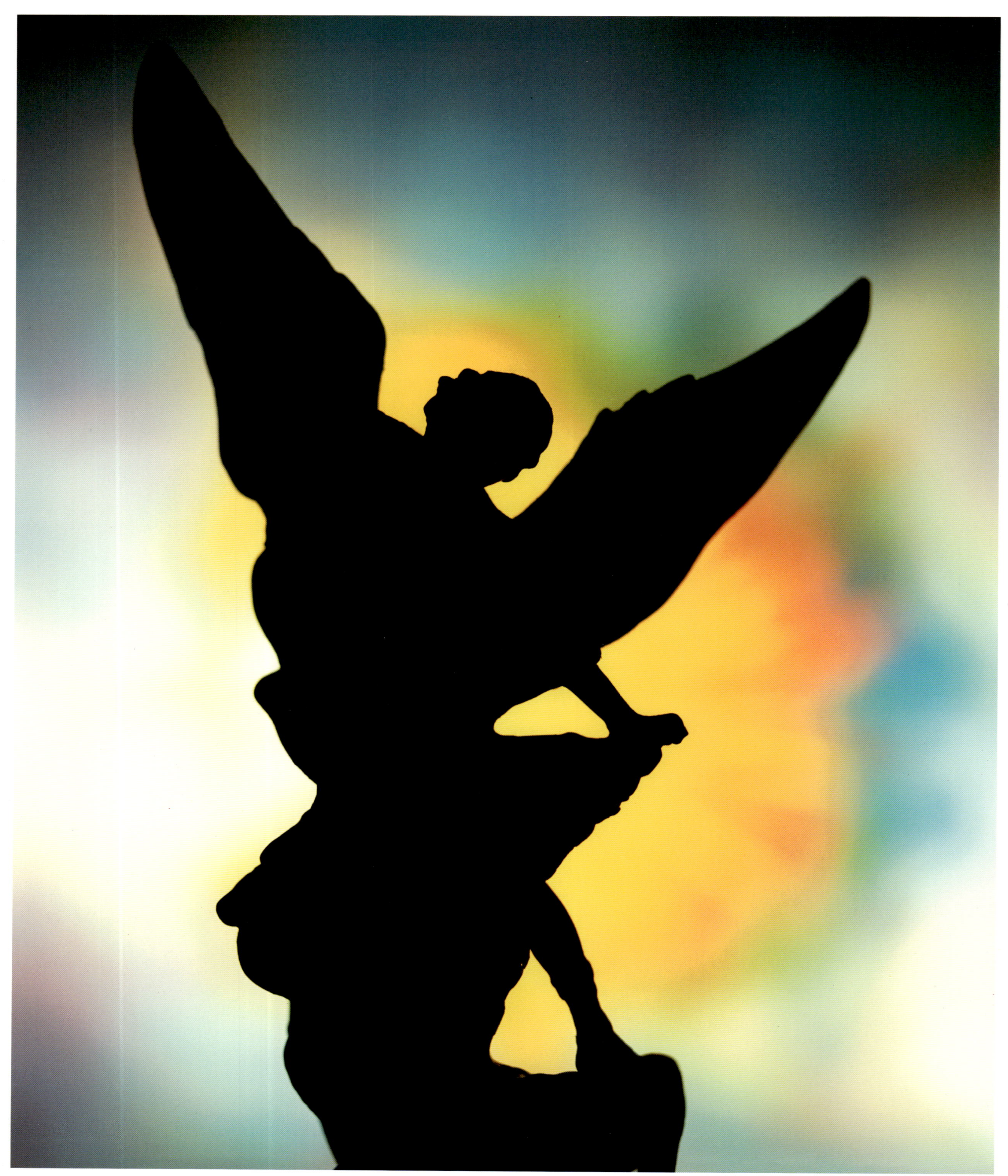

ST. GEORGE

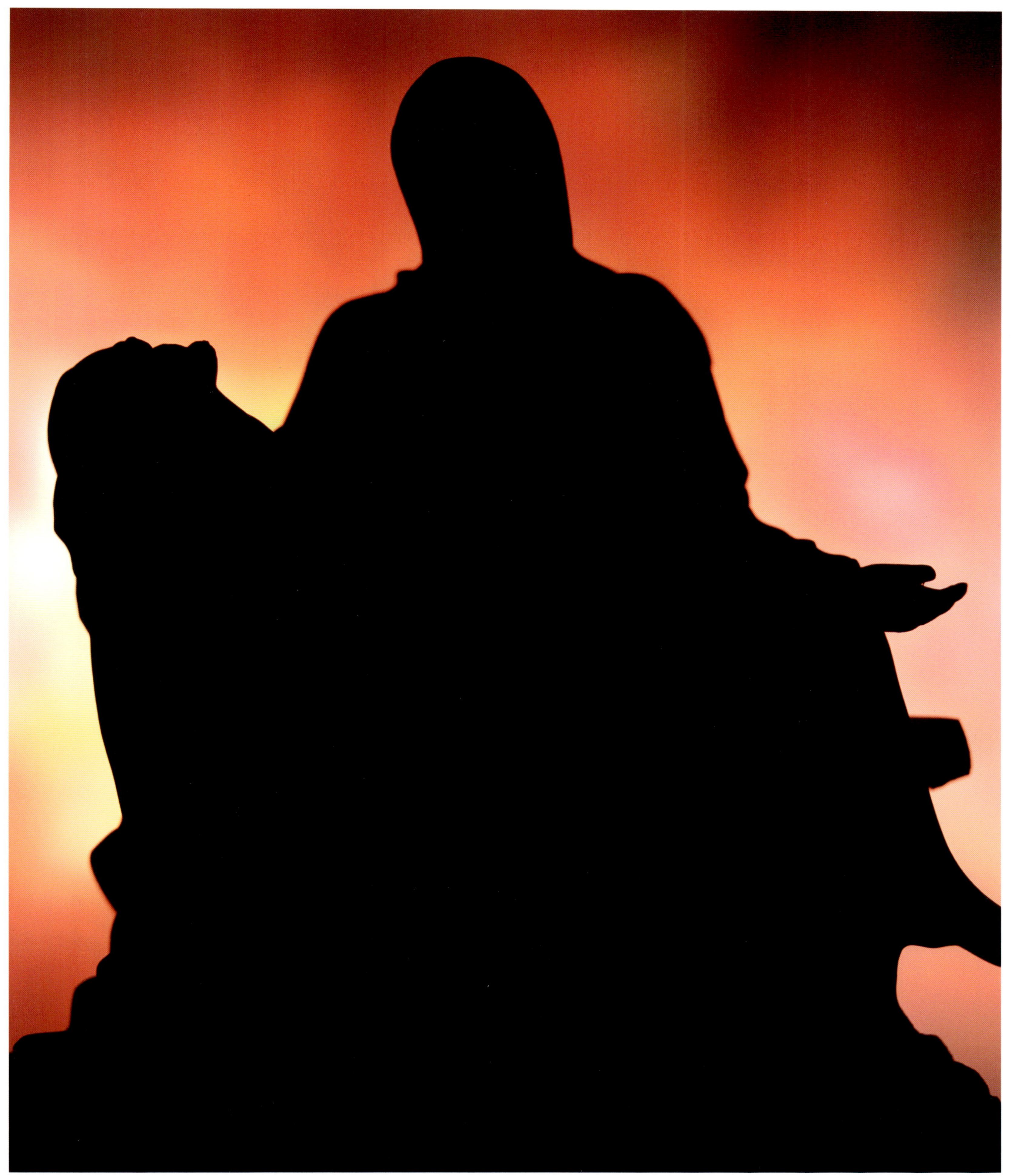

PIETA

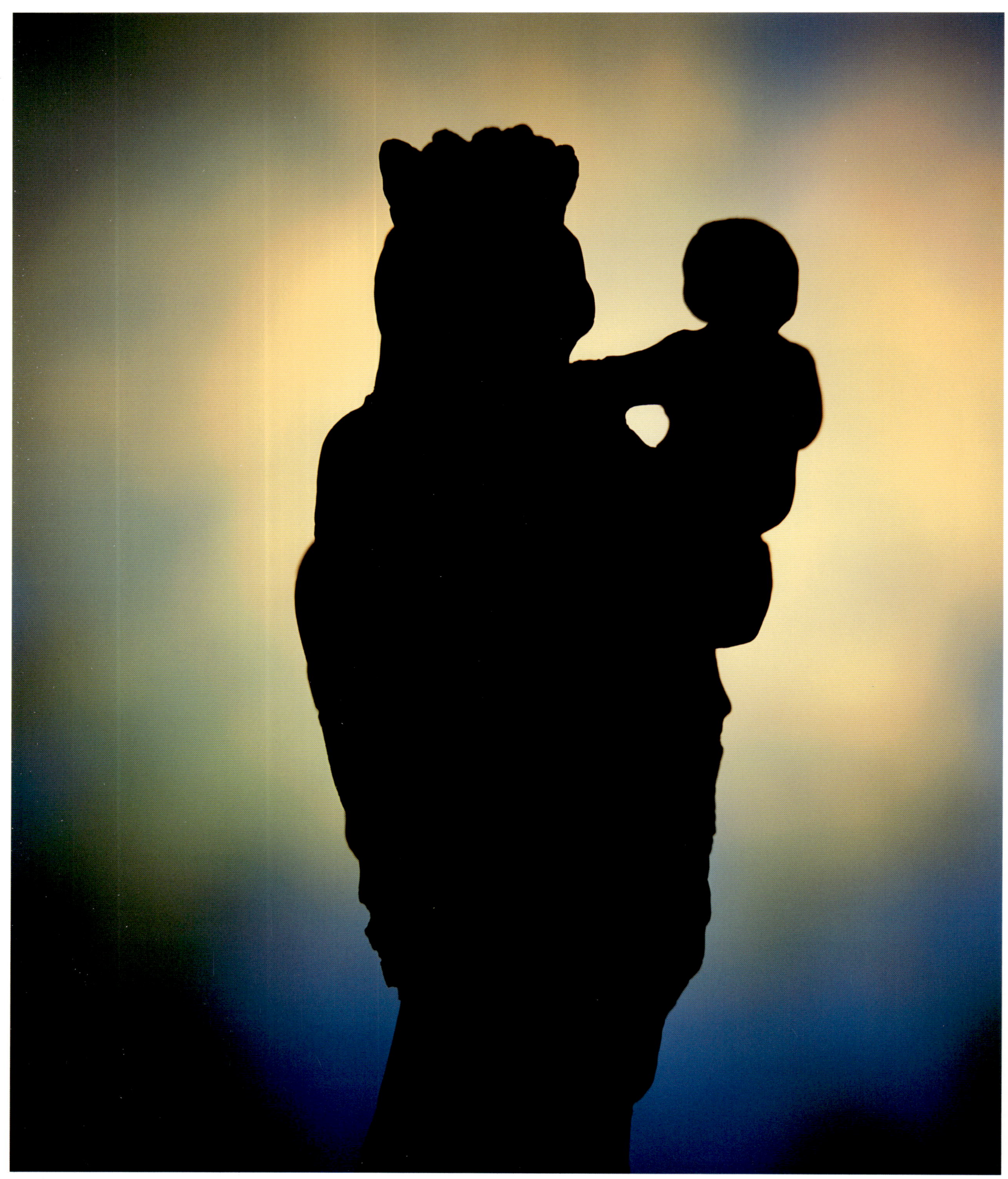

FLEMISH MADONNA

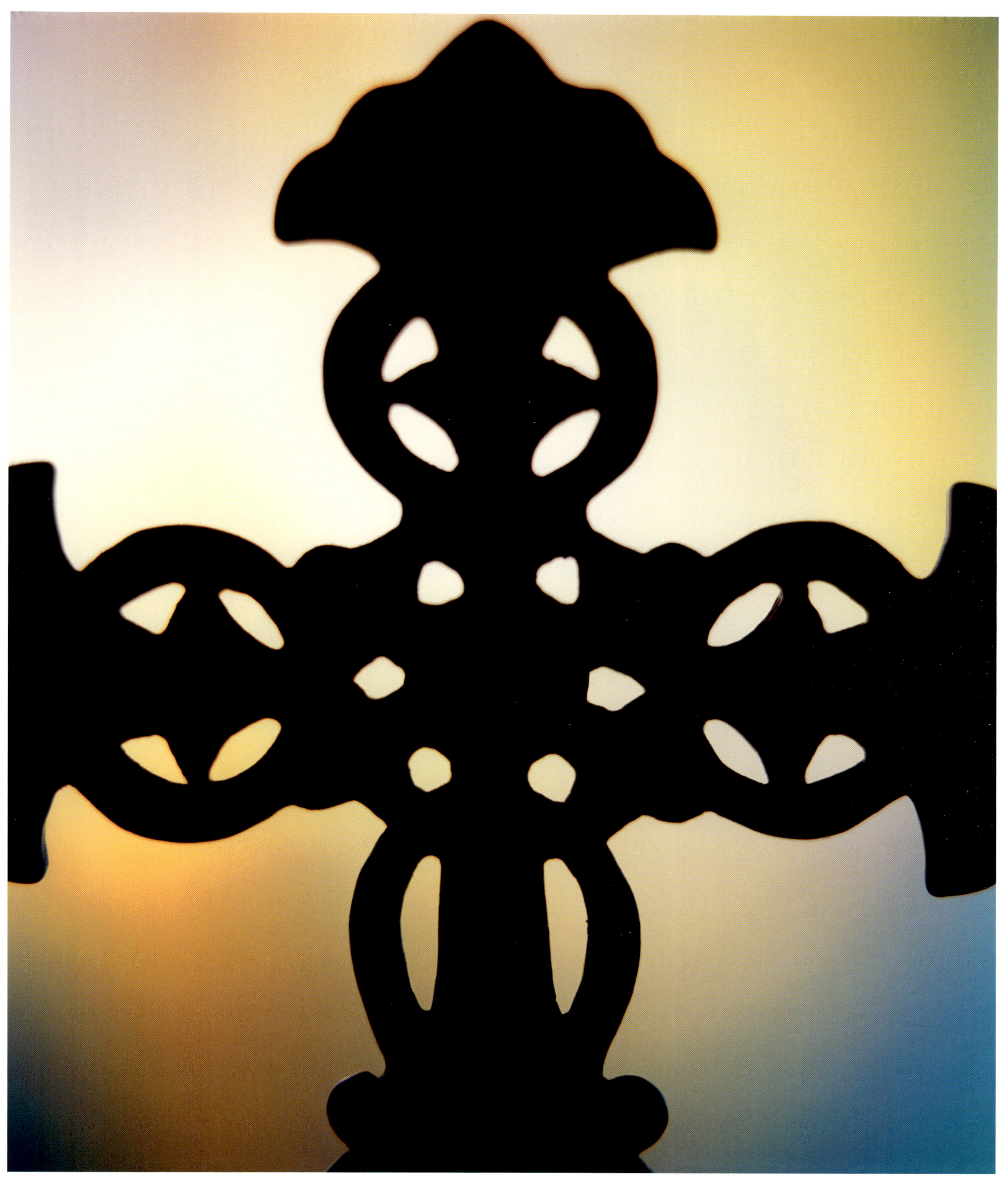

THE CROSS

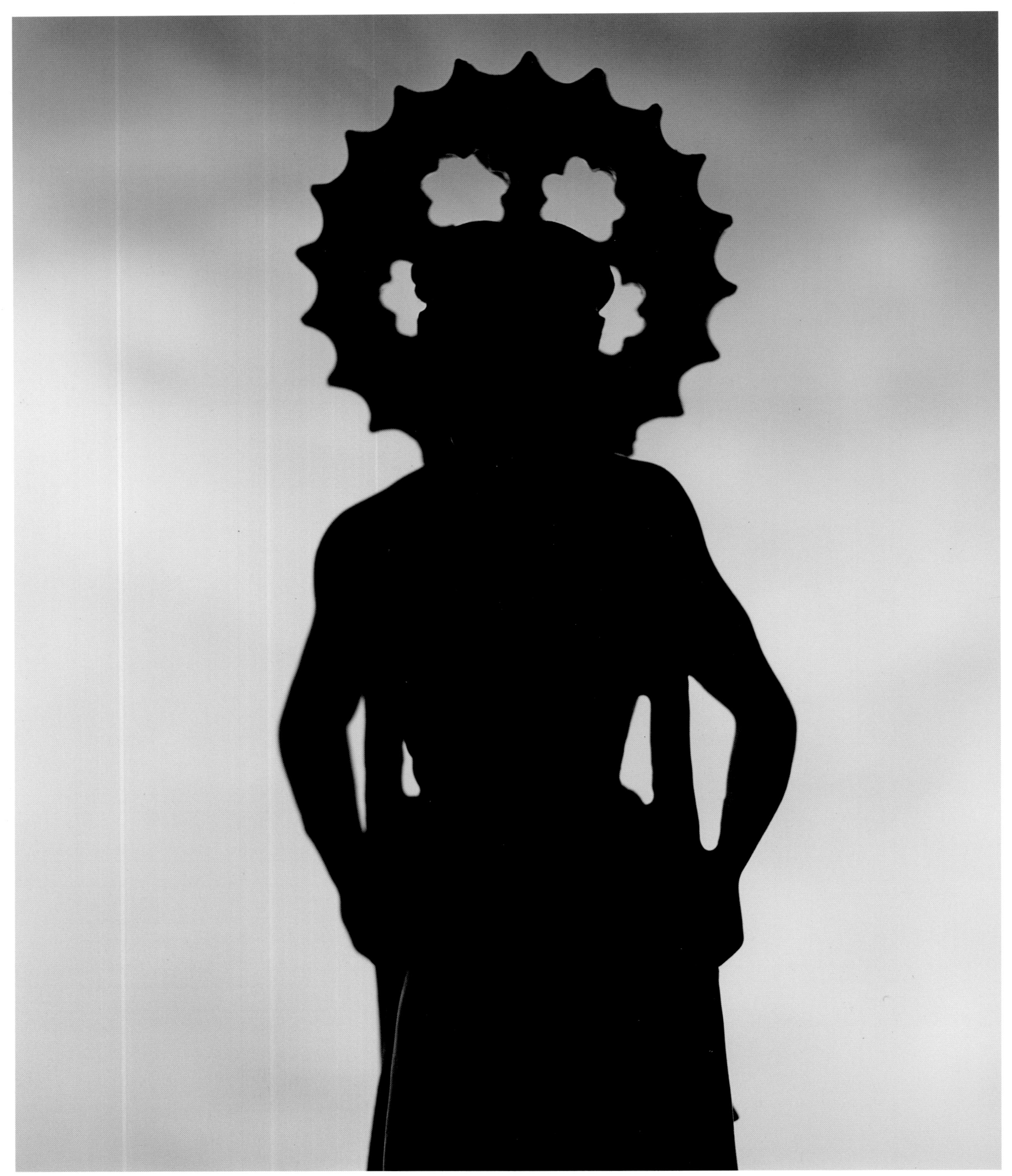

ST. LAZARUS

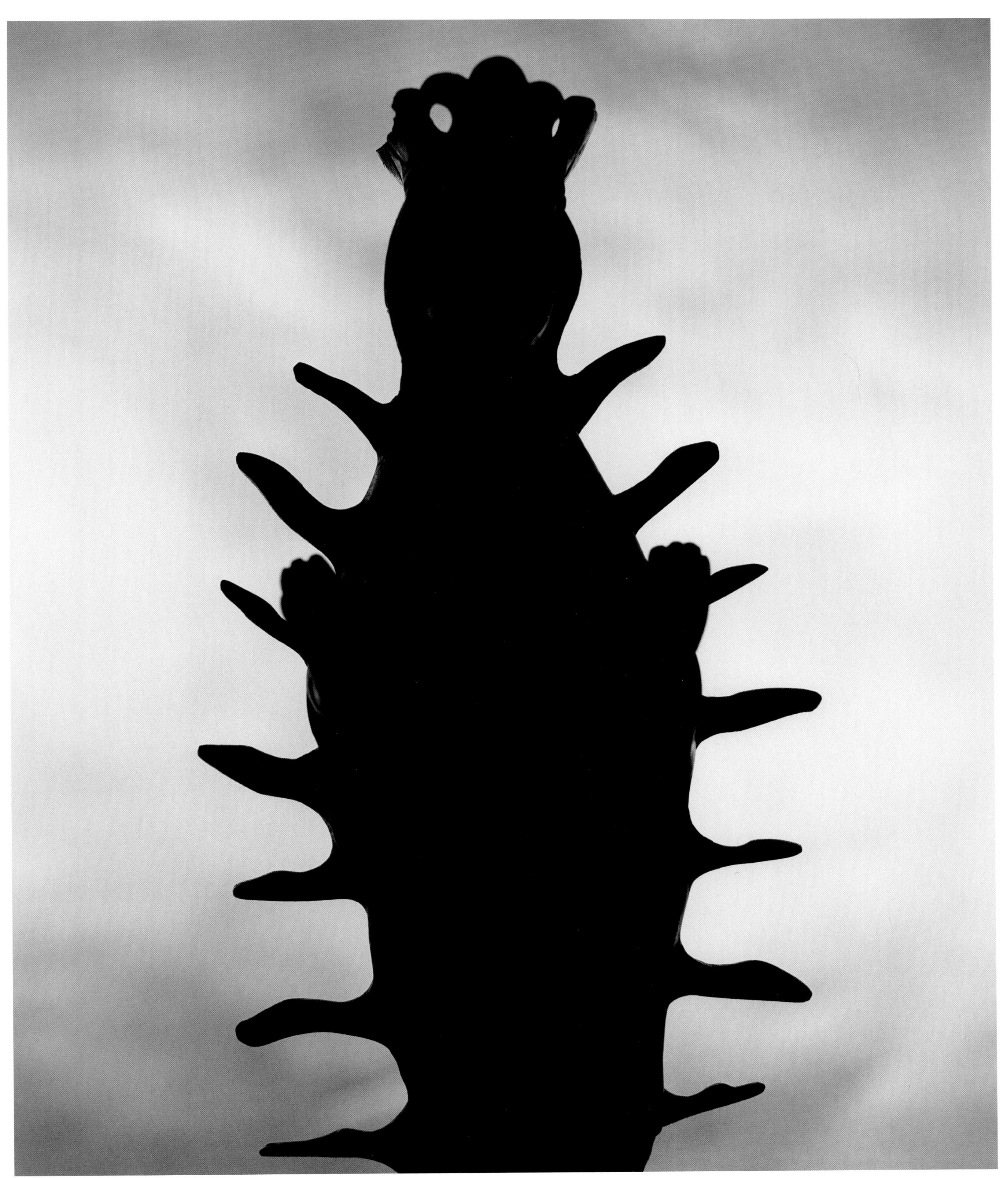

VIRGIN OF THE FLAMES

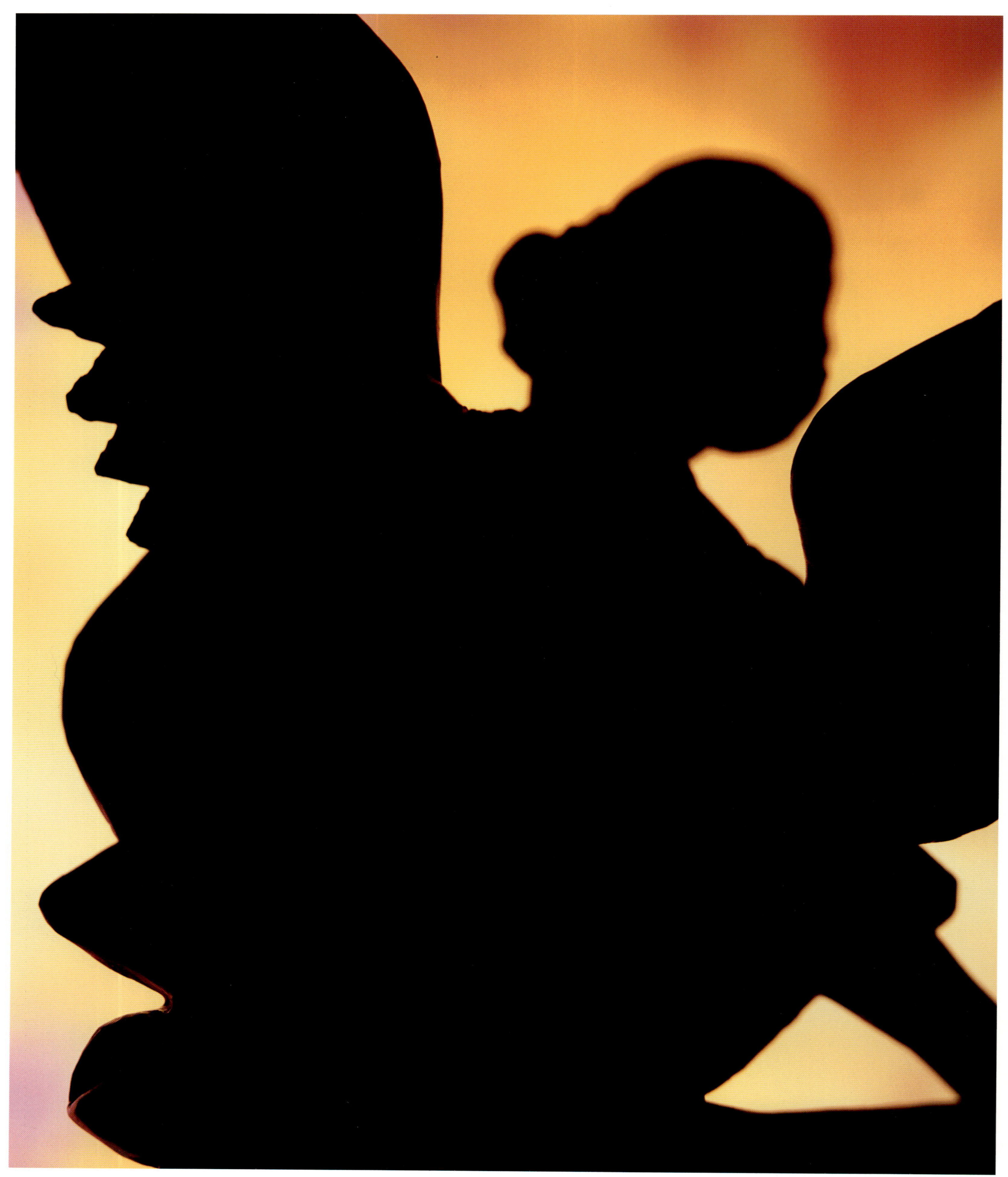

Dark Angel

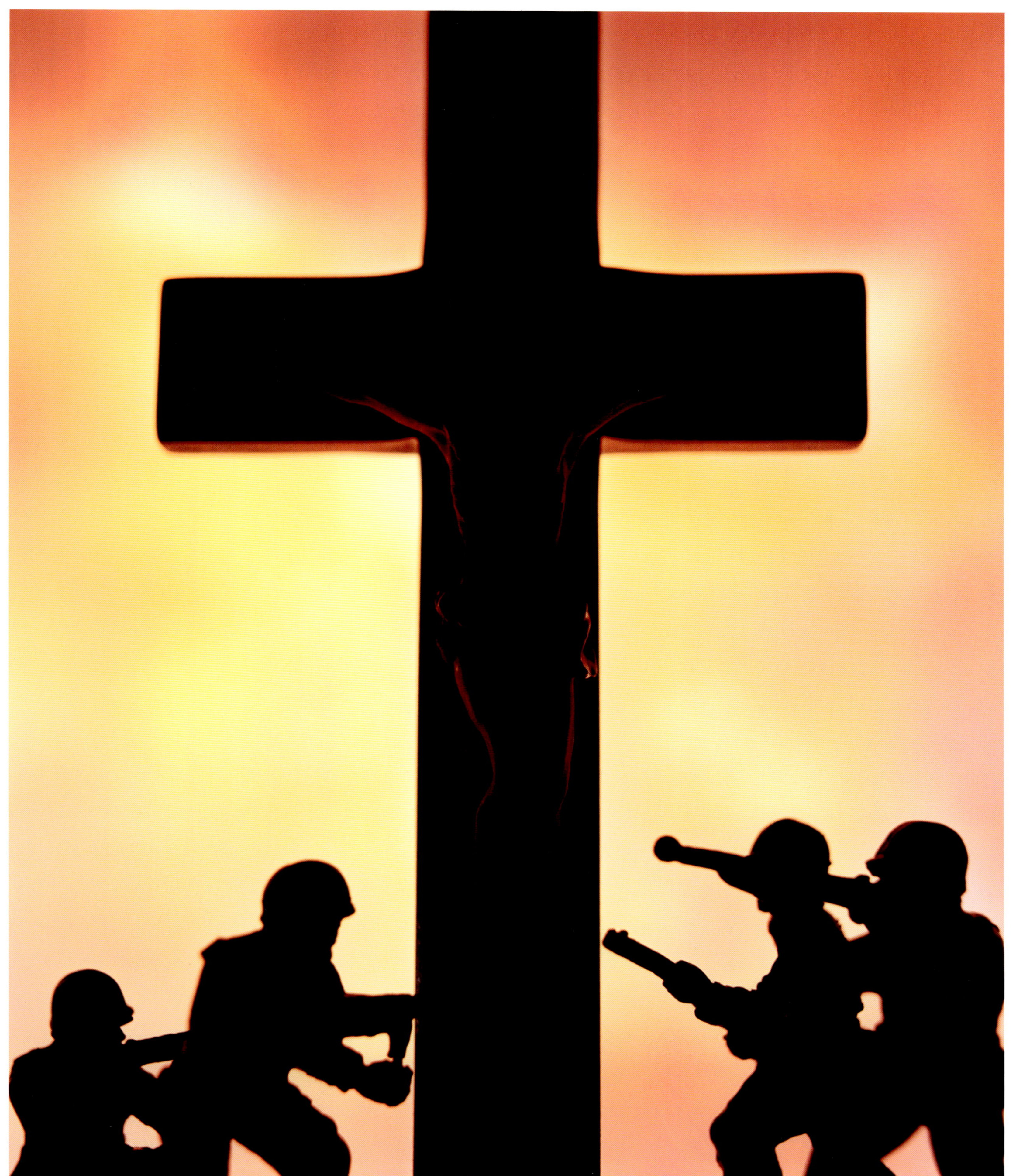

WAR

The Blessing

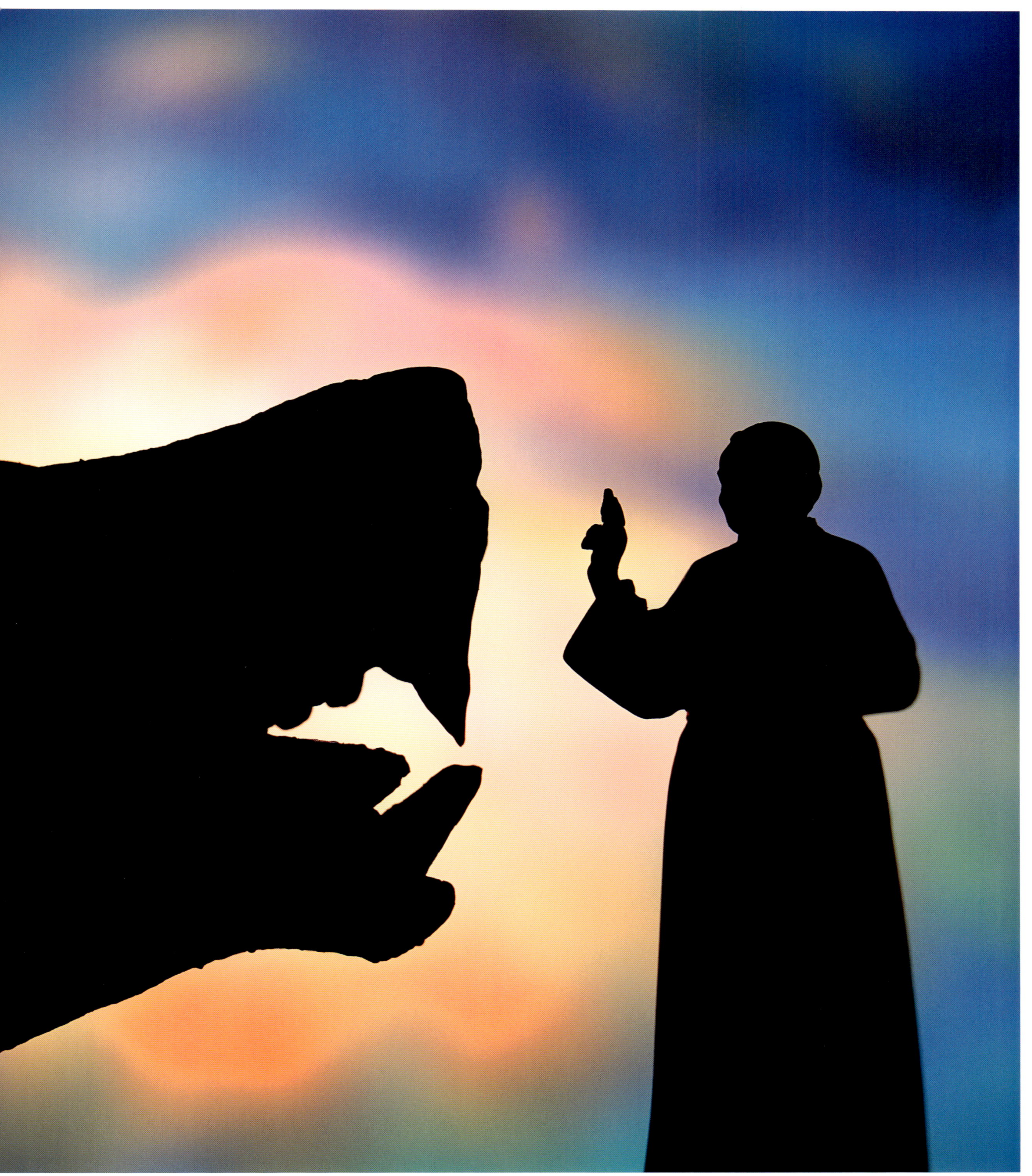

Conversation

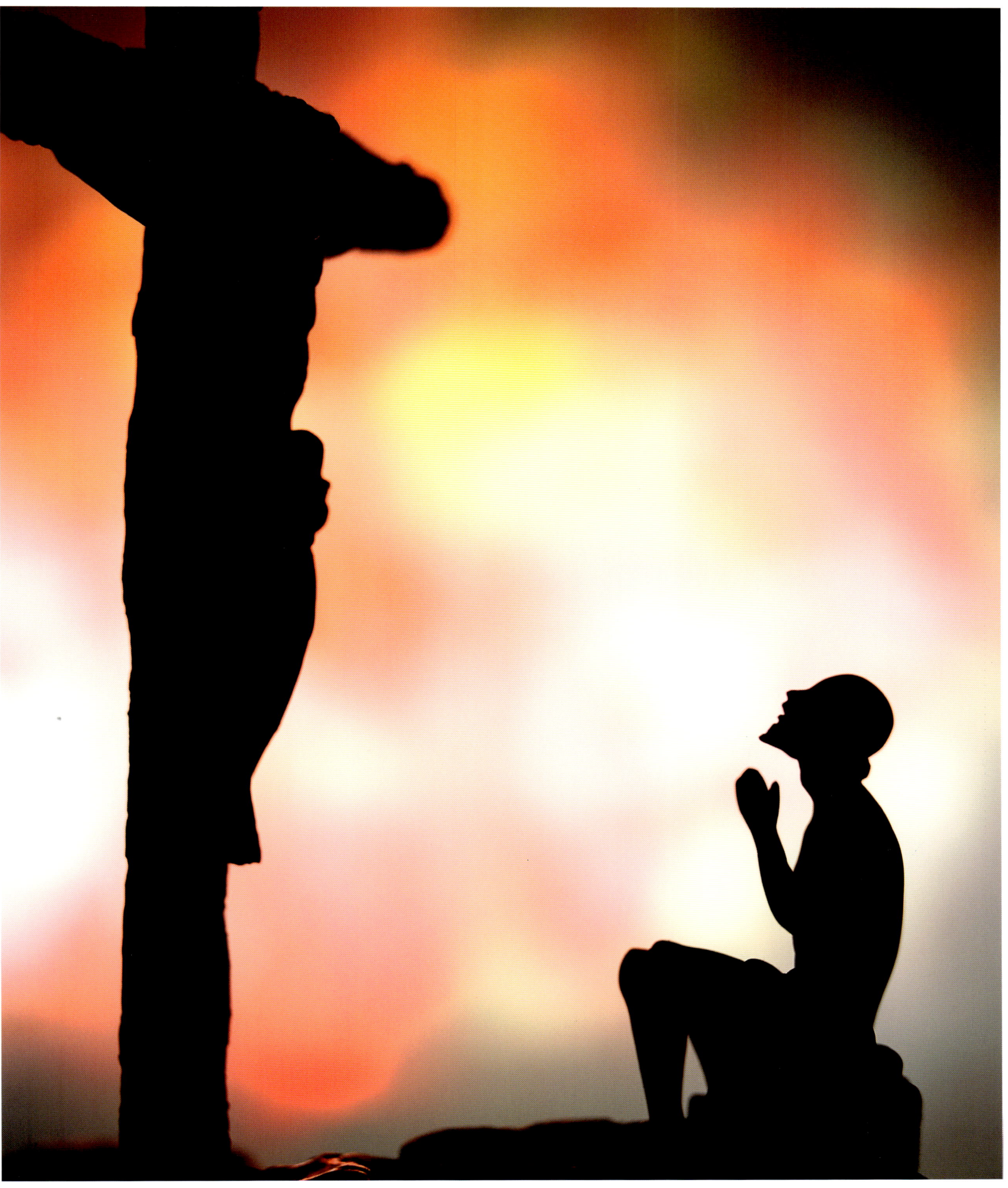

The Howl

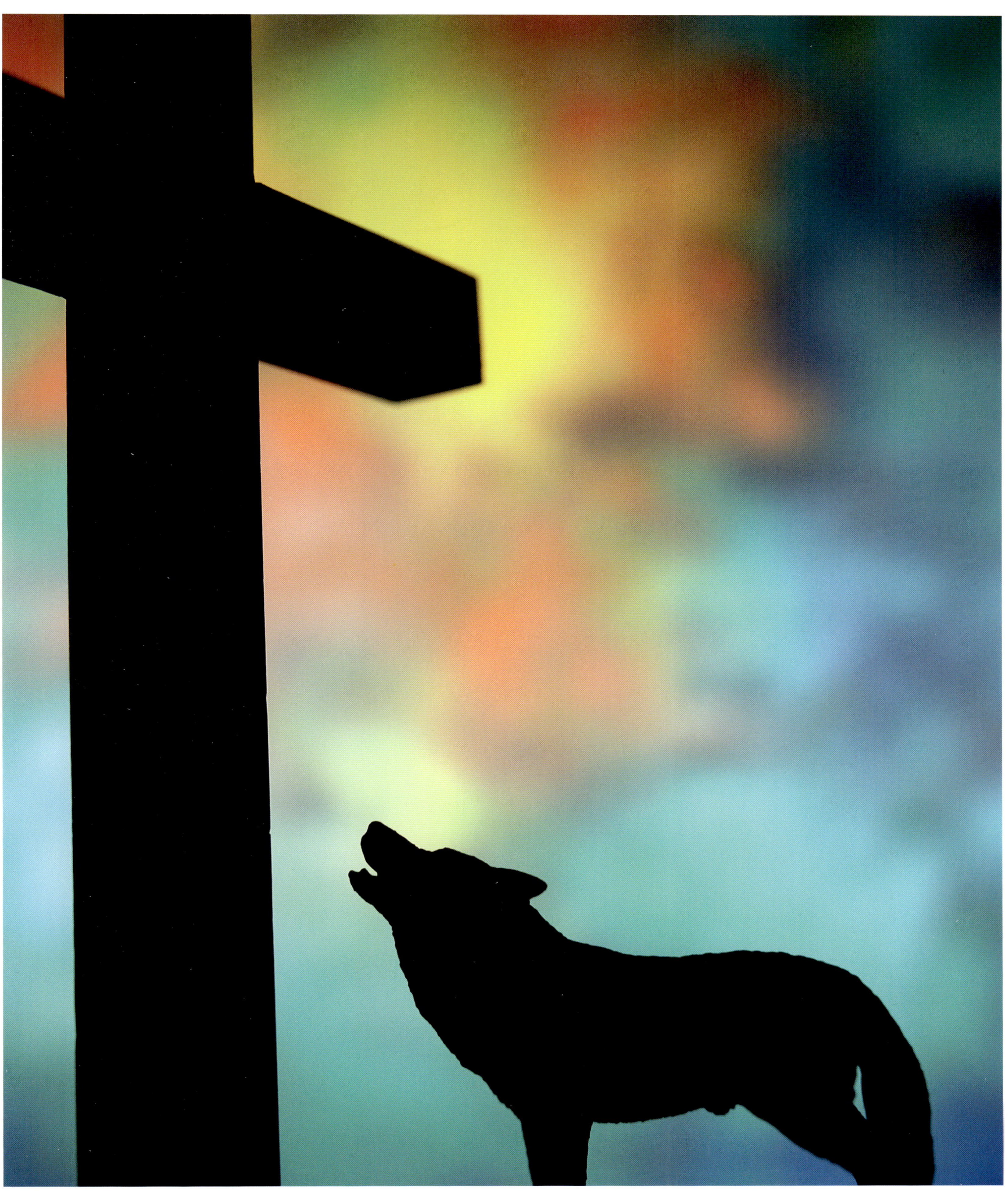

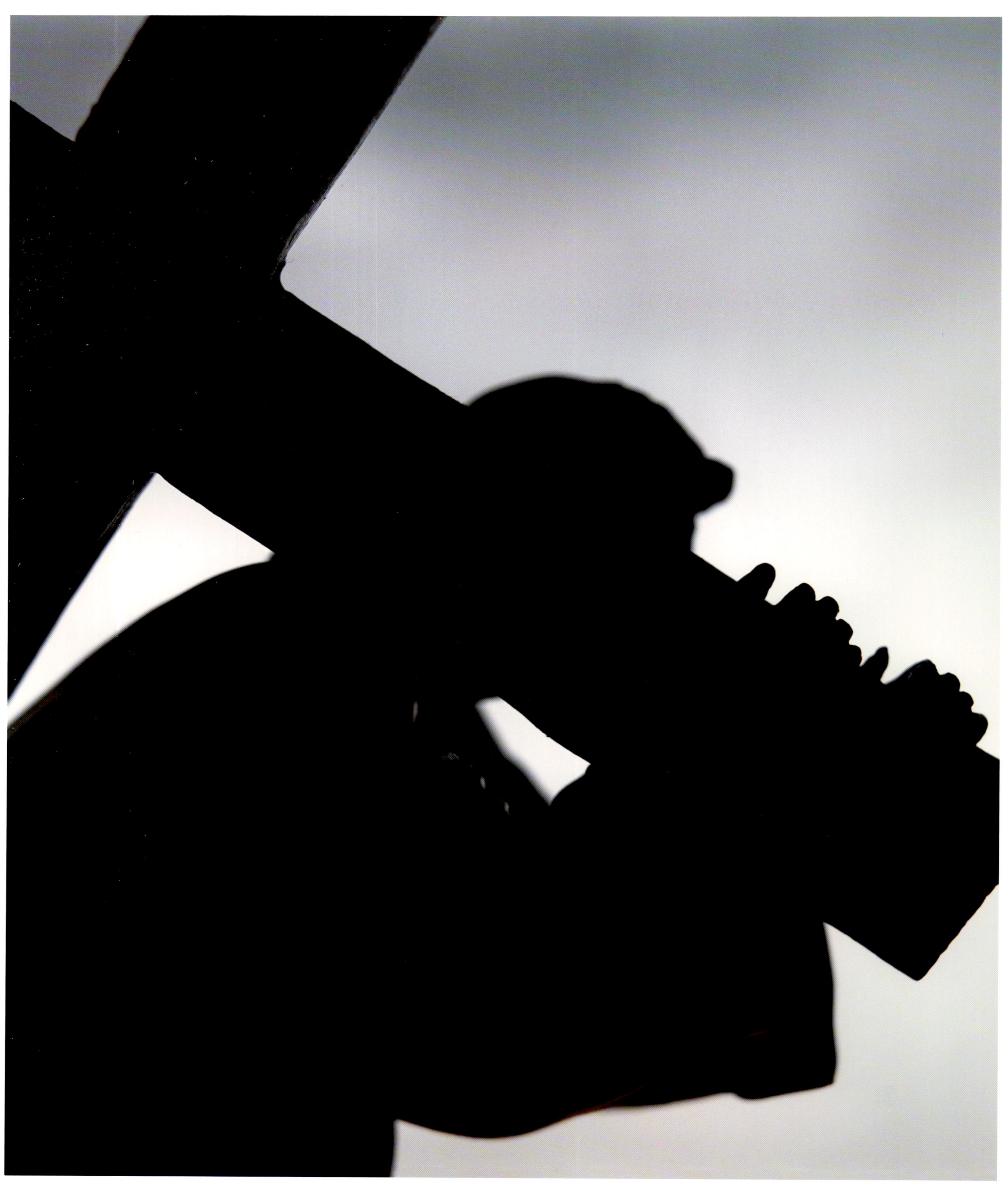

Two Christs

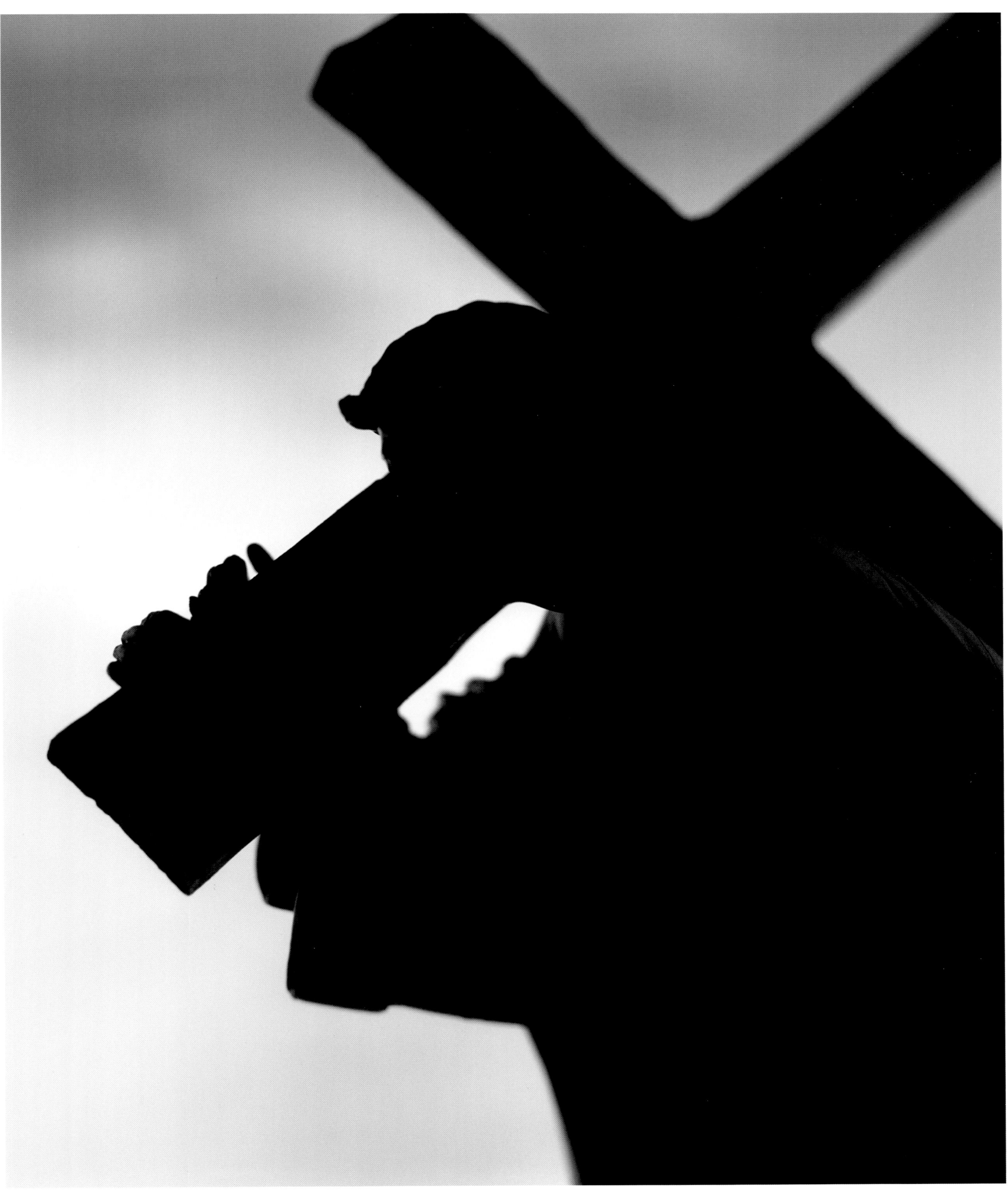

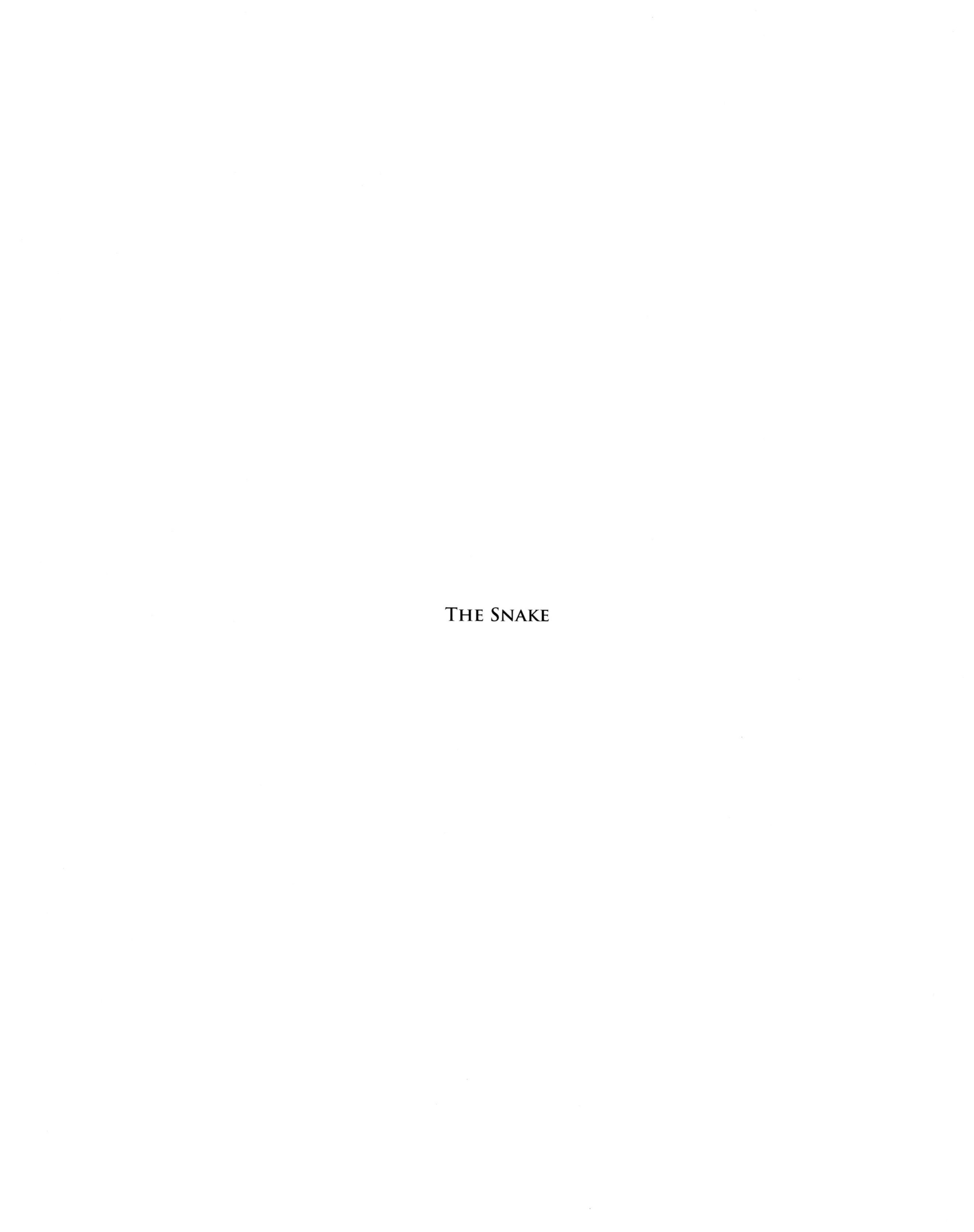

THE SNAKE

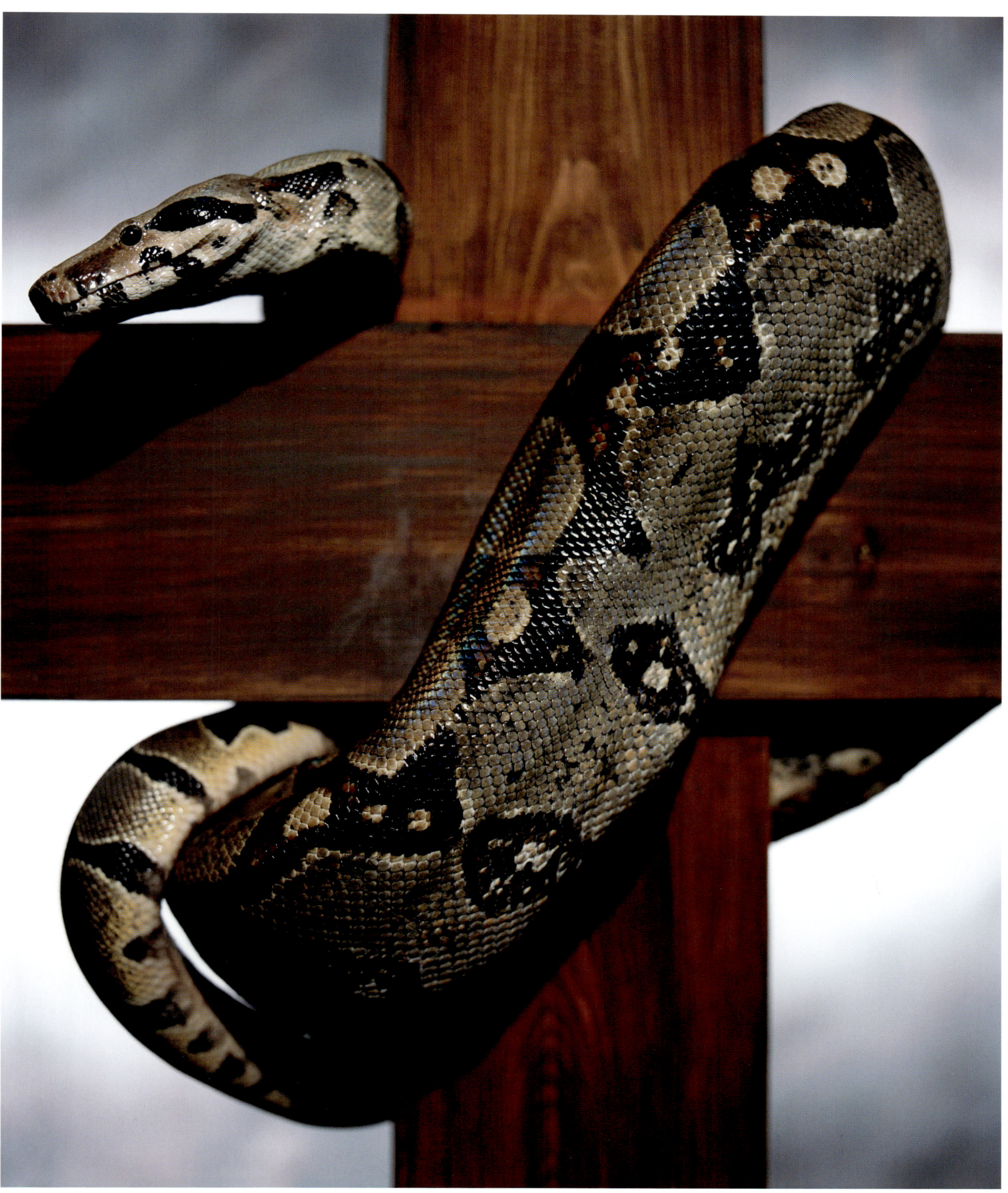

VANITY OF LIFE

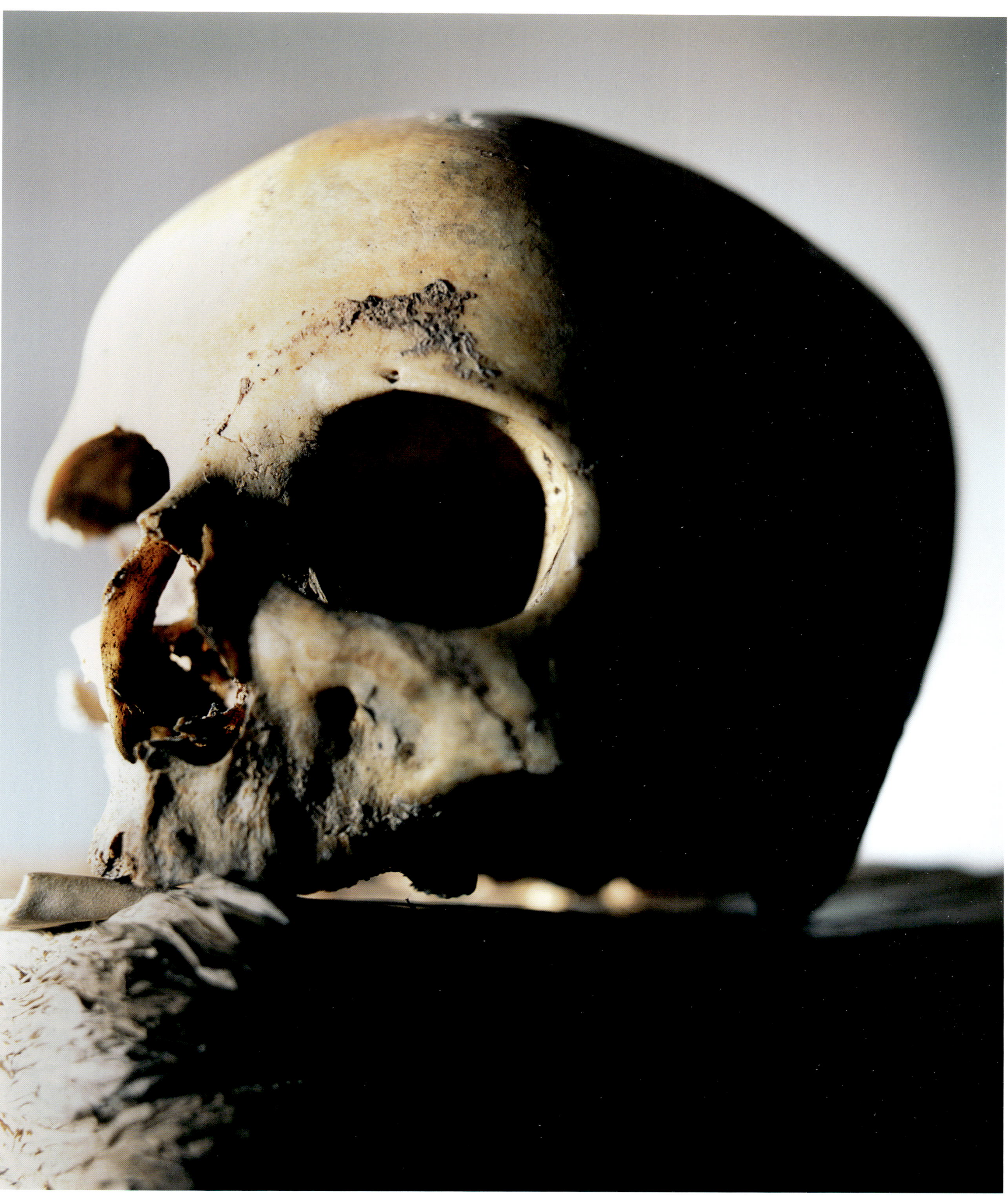

Ecce Homo

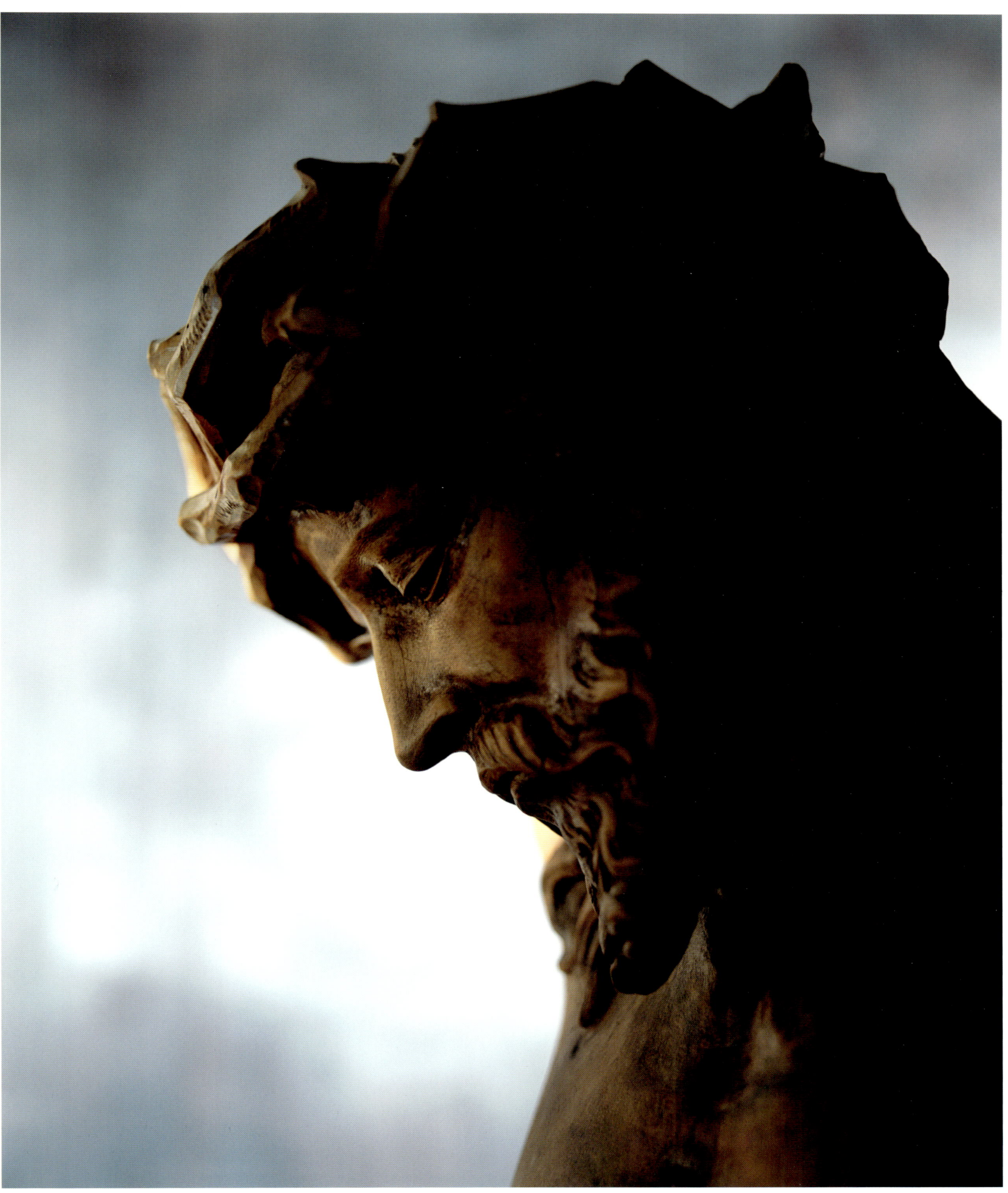

SACRAMENTUM

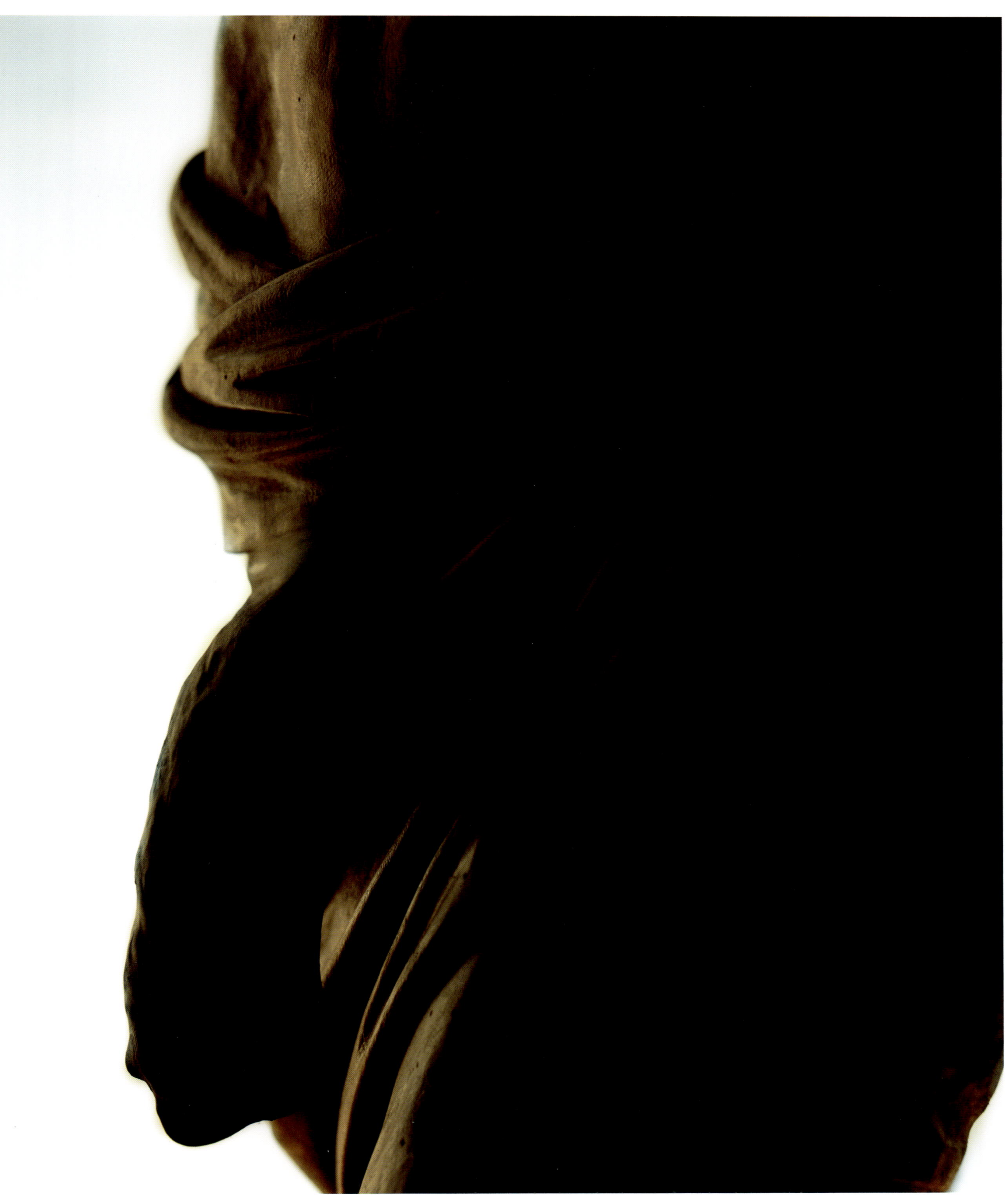

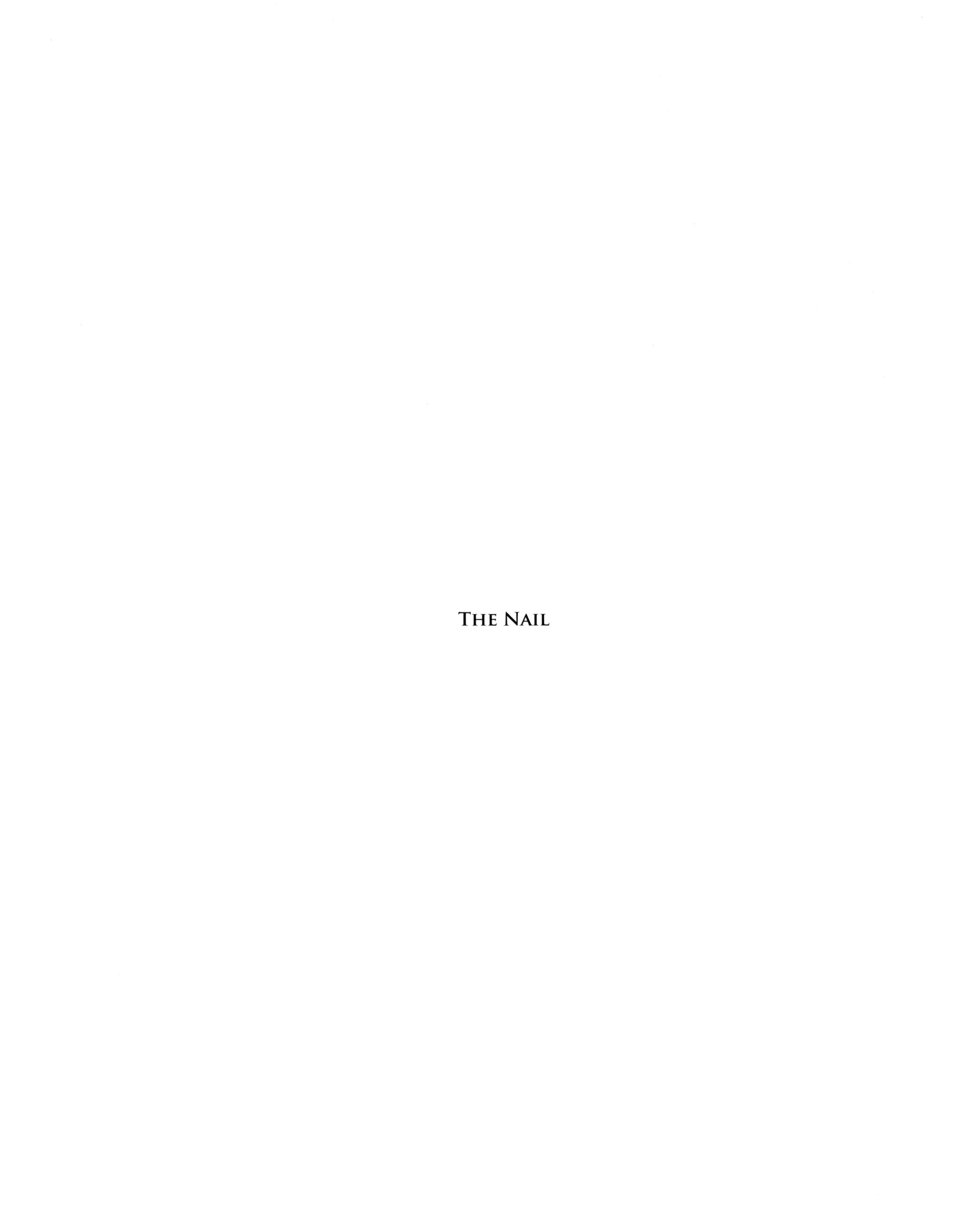

The Nail

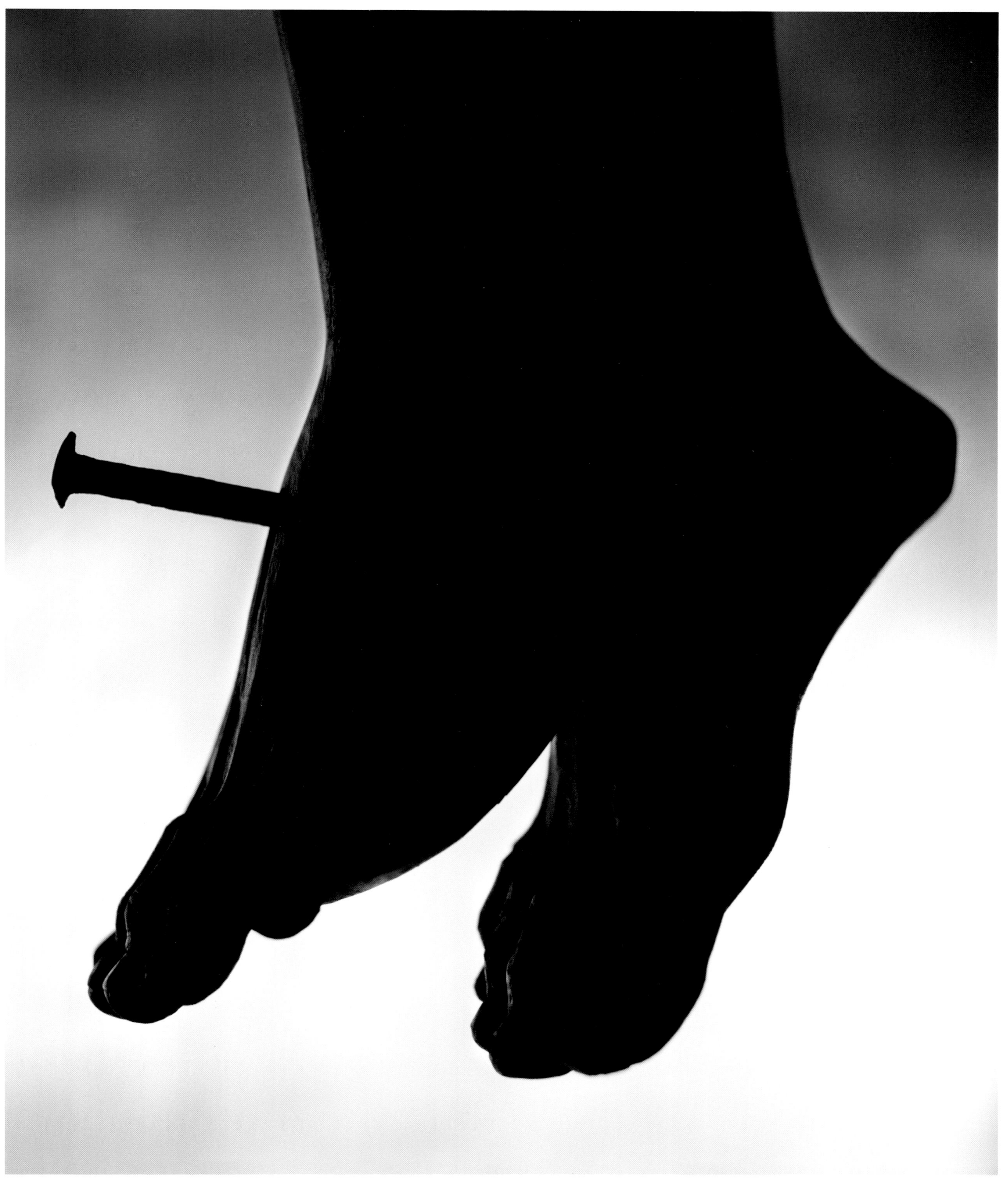

𝔅iography

Andres Serrano was born in 1950 in New York City. He attended the Brooklyn Museum Art School in 1967, where he studied painting and sculpture.

Andres Serrano's name, along with Robert Mapplethorpe's, was at the crossroads of the 1989 Cultural Wars when Serrano's photograph, *Piss Christ*, became the subject of a national debate on freedom of artistic expression and the public funding of controversial art. *Piss Christ*, an ethereal image of a crucifix submerged in the artist's urine, remains the artist's most controversial and misunderstood work.

Serrano has also created *The Morgue*, an investigation of death, as well as photographed numerous subjects including the Ku Klux Klan, the homeless, and *America*, a panorama of American society.

Andres Serrano is an internationally acclaimed American artist whose work has been shown in major institutions in the United States and abroad. His photographs are in numerous public collections, including the University of Alabama, Birmingham, AL; Institute of Contemporary Art, Amsterdam, Holland; Baltimore Museum of Art, Baltimore, MD; capc musée d'art contemporain, Bordeaux, France; Institute of Contemporary Art, Boston, MA; National Gallery of Australia, Canberra, Australia; Art Institute of Chicago, Chicago, IL; Museum of Contemporary Art Chicago, IL; Fonds Regional d'Art Contemporain, Cluny, France; Modern Art Museum of Fort Worth, TX; Israel Museum, Jerusalem, Israel; Spencer Museum of Art, Lawrence, KS; Museo Reina Sofia, Madrid Spain; Cintas Foundation, Miami, FL; Centro Cultural Arte Contemporaneo, Mexico City, Mexico; New Museum of Contemporary Art, New York, NY; Whitney Museum of American Art, New York, NY; Allen Art Museum, Oberlin, OH; Centro Andaluz de Arte Contemporáneo, Sevilla, Spain; Museo Nacional Centro de Arte Reina Sofia, Madrid, Spain; and the Museum of Contemporary Art, Zagreb, Croatia.

Serrano is represented by Yvon Lambert Gallery.

Acknowledgements

Irina Movmyga
Germano Celant
James Frey
Sean McCormick
Esteban Mauchi
Willie Vera
Tom Hurley
Susi Kenna
Yvon Lambert Gallery

and special thanks to
Giampaolo Abbondio
and Galleria Pack

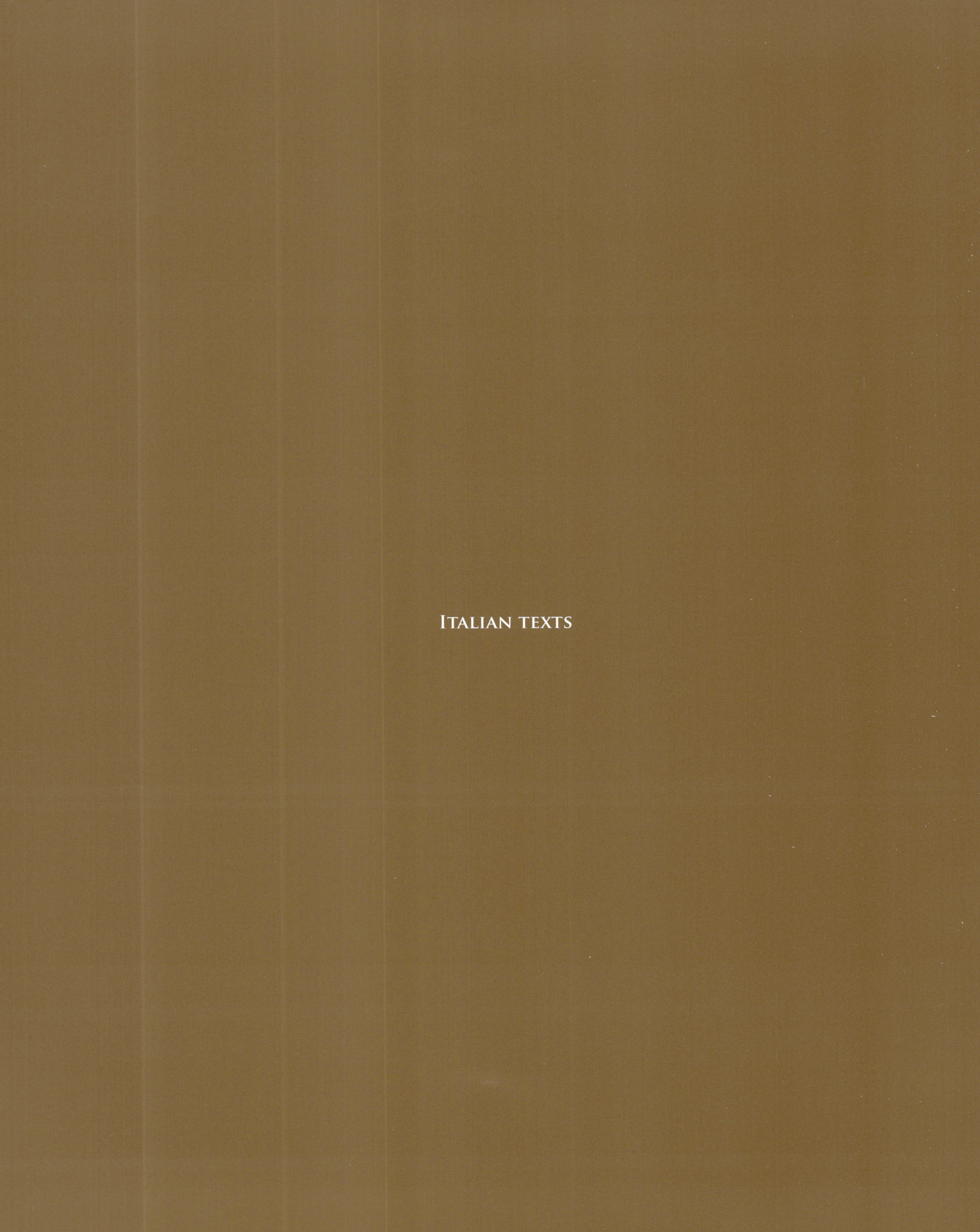

ITALIAN TEXTS

Ombre Sublimi

di **Germano Celant**

Se la fotografia è l'ombra del reale Andres Serrano intende, con le sue immagini fotografiche, pervenire al reale dell'ombra. È interessato a far emergere e illuminare il lato oscuro che si annida nelle pieghe dell'esistenza umana che vive di visto e di non visto, di riti e di atteggiamenti, di pratiche e di credenze. Lavorando sulla riflessione tecnologica, attraverso la camera, del mondo, è cosciente che il suo fare non può creare qualcosa che in assoluto sia ex novo, ma può far percepire una presenza occulta e nascosta, qualcosa non ancora mostrato. Di fatto aspira, come l'ombra, a porsi accanto. Tende a evitare qualsiasi mimesi legata all'apparire delle immagini, per dar corpo a ombre che sono consce e inconsce. Le rende palesi, evitando ogni connotazione positiva o negativa, accettabili o rifiutabili, luminose od oscure per proporre un'interpretazione che sia unitaria tra le diverse polarità. Tutta la sua ricerca si impernia di fatto su una sintesi tra opposti, così che la parte inferiore dialoghi con la superiore, l'umano con il divino, il terrestre con il celeste. La sua fotografia ha una funzione che tende a risolvere la convivenza tra vita carnale e vita spirituale, tra sesso e castità, tra sacro e profano, tra inferno e paradiso *Heaven and Hell*, 1984.

In tale senso essa, nelle sue svariate concettualizzazioni, tende a non esaurirsi in un'affermazione, ma in una domanda che prefigura l'esistenza del vero e del falso, dell'illusorio e del reale, dove la divisione e la contrapposizione sono una perdita di conoscenza. Per questo le immagini di Serrano alludono, sin dal 1983, a una molteplicità di parti che, anche seppur antitetiche—come corporalità e sacralità, liquidi organici e icone religiose, mondo e Dio—, possano convivere. Qui non bisogna lasciarsi trasportare dalla connotazione negativa—quella che sviluppa scandalo e repressione—ma dalla compresenza, dalla raccolta insieme di elementi e segni che aspirano a unificare e a congiungere, in senso positivo, le polarità della catarsi e della dannazione.

Il fronte dell'esistere è legato a una dialettica dove l'ombra è un aspetto del reale, è una realtà. In tale prospettiva vanno interpretate le *silhouettes* prodotte nel 2011 da Serrano: sono l'immagine di un vuoto oscuro e notturno che deve essere liberato e percepito. Rifrazione di una dimensione del reale che non sta di fronte all'essere umano, ma a lato. Fotografia che è specchio dove colui che si guarda è spinto alla conoscenza più radicale di sé, tanto da risultargli terribile, al punto tale da rifiutarla e da condannarla, come è successo per *Piss Christ*, 1987. La *silhouette*[1] è ottenuta ponendo una figura o un oggetto contro il cielo o un fondo luminoso e rimanda linguisticamente ai profili di figure umane, ottenuti ritagliando fogli di carta nera e prese il nome da Étienne de Silhouette, nel Settecento: prima dell'affermazione della fotografia, per realizzare ritratti si usava questo metodo estremamente popolare ed economico. La sua adozione da parte di Serrano, considerata la tecnica e le sue implicazioni storiche, comporta diversi gradi di lettura. Sul piano del riferimento a un processo pittografico primario, che riguarda i primordi della pittura, e in seguito attraverso la camera oscura quella della fotografia e mediante la lanterna magica quella del cinema[2]. La pittura o la fotografia o il cinema delle ombre presentarono una logica di consolidamento del volume a superficie oscura: una rappresentazione bidimensionale che tende a mettere al posto del reale una "figura" sostitutiva. Il doppio assente che si fa presente, al fine di fissarlo dinanzi allo sguardo per evocarlo o esorcizzarlo. Se si analizzano inoltre i legami tematici affrontati da Serrano, quasi sempre religiosi e sacri, che riguardino l'empireo o gli inferi, si può vedere come sussista un ulteriore richiamo al teatro delle ombre cinesi, imperniato su temi religiosi e mitologici. Il concentrarsi su un doppio, sostitutivo del reale, che riguarda temi e leggende della mistica occidentale è indice di un tentativo di rimuovere le connotazioni tradizionali del loro ingombro e avvicinarsi a quella parte "oscura" che affronta il non visto e il mancante. Se si ripercorre la storia dell'arte, infatti, si vedrà che il soggetto "ombra" è l'esteriorizzazione di un mistero, che colpisce il credente quanto il laico, quella del doppio immateriale che seduce gli artisti da Giorgio de Chirico a Andy Warhol, o i fotografi da Alfred Stieglitz a André Kertész. Soltanto che Serrano non appare interessato ad avventurarsi nella dimensione metafisica e spirituale dei pittori, né a proporre l'ombra come sistema autoreferenziale e autorappresentativo dei fotografi. Vuole piuttosto affrontare le immagini che hanno strutturato il nostro pensiero, sia terreno sia trascendentale: quelle "icone" su cui si sono formati gli idoli, in negativo o in positivo, dei valori euristici e umani dell'esistenza.

E siccome l'arte, e quindi la fotografia, è una via alla liberazione, vale a dire un metodo per separare le apparenze dalla realtà, così da comprenderla, entrando seriamente e professionalmente nel mondo dell'arte Serrano si misura sin dall'inizio, forse a causa della sua educazione cattolica, con l'iconografia cristiana. Mosso da un rapporto conflittuale con essa, tra sacro e profano —"Ho sempre pensato di avere con la Chiesa lo stesso rapporto di amore/odio di alcuni di coloro che mi influenzarono inizialmente, come Luis Buñuel e Federico Fellini, ma anche Marcel Duchamp"[3]—, dopo un'esperienza di reportage per le strade e un lungo, intenso attraversamento nel mondo degli stupefacenti, dal 1984 l'artista dirige la sua attenzione alle immagini sacre, crocifissi e madonne che hanno avuto sempre la funzione di "rappresentare" l'universo di una divinità invisibile. Simulacri visibili che danno consistenza ed evidenza concreta alle cose invisibili del credere. E siccome l'icona principale di questo processo è la crocifissione di Cristo, dove il suo sacrificio si lega alla salvezza dell'umanità, Serrano assume il crocifisso, simbolo di riconciliazione tra cielo e terra, e cerca di meditare artisticamente su esso, evitando il rigido dualismo tra spirito immateriale e corpo puramente materiale. E se la religione cerca di spiegare l'azione dello spirito sulla materia, Serrano si interroga sul processo inverso. Cerca un'interazione, iniziando a mettere in discussione il processo direzionale del divino sull'umano, o quanto meno aspira a metterli in parallelo, così che, se il divino informa la materia, la materia sia anche "componente" del divino. Le due entità non possono essere separate, poiché dialetticamente intrecciate.

La possibile coincidenza tra queste polarità che non si escludono spinge Serrano a metterle insieme, anche se per lungo tempo questa osmosi è stata rimossa. Ecco allora che l'icona mistica e metafisica viene messa in contatto o immersa nei liquidi della vita corporale, come sangue e urina, *Crucifixion*, 1987, oppure la croce si trasforma in un volume di sangue rappreso, *Blood Cross*, 1985. È tentare una stupefacente coincidenza tra entità mentali e fisiche, spirituali e corporali. È forse un'istanza anti —idolatrica, nel suo evocare il vero soggetto del sacrificio "umano" di Cristo: la visibilità del suo sangue e della sua urina. Come scrive lucidamente Roger Denson, "Il concetto di sublimazione espresso da Freud e il concetto opposto di desublimazione di Andres Serrano sono entrambi centrali in *Piss Christ* di quest'ultimo e in altre opere d'arte in cui vengono usati urina, sangue, escrementi, sangue mestruale e sper-

---

1 Robin Lenman, *The Oxford Companion to the Photograph*, Oxford University Press, New York 2005; Emma Rutherford, *Silhouette, the Art of Shadow*, Rizzoli, New York 2009.

2 Victor I. Stoichita, *A Short History of the Shadow*, Reaktion Books, London 1997 (trad. it Il Saggiatore, Milano 2000); C.W. Ceram, *Eine Archäologie des Kinos*, Rowohlt Verlag GmbH, Hamburg 1965 (trad. it. di A. Comello, Mondadori, Milano 1966).

3 Germano Celant, Intervista con Andres Serrano, New York, novembre 2011, inedita.

ma. Oltretutto, l'atto stesso di fare arte usando questi materiali richiama i processi analoghi di sublimazione e desublimazione in atto in ogni forma d'arte. Se la sublimazione è la rimozione del desiderio libidinoso e del piacere, che la nostra civiltà trasforma da un punto di vista sociale ed eleva a comportamento, status e oggetto consentito—un processo che è fondamentale in ogni forma di inculturazione umana e allo stesso tempo tenuto nascosto da essa—allora la desublimazione è il ritorno allo stato precedente compiuto da alcuni artisti verso la rivalutazione della condizione naturale del nostro corpo, la stessa di cui godevamo quando eravamo molto piccoli ma che è stata interrotta dal 'principio di realtà' delle regole sociali, ovvero ciò che i nostri genitori e tutori hanno imposto come 'giusto' o 'sbagliato'. Sono le de-sublimazioni artistiche come quelle di Serrano a far sì che molti nella società considerino l'arte trasgressiva 'aberrante', 'depravata' e persino 'criminale' se lasciata senza controllo da parte della società e della sua moralità o etica"[4]. Il dialogo tra sublimazione e desublimazione, tra liquidi vitali e icone, anticipa il dualismo tra corpo e ombra, perché sottende la dialettica tra positivo e negativo, visibile e rimosso, estroverso e introverso, parte superiore e parte inferiore, che sono presenti nella purità del doppio che forma il dialogo tra entità consolidata e entità immateriale. Serrano è consapevole che la relazione tra le due, il loro rapporto di contatto è alla base del suo approccio alla rappresentazione sacra, soltanto che se prima, negli anni ottanta, la sua attenzione è rivolta al doppio "animato" tra carne e spirito, nel 2011 la *silhouette*, che con il suo nero sottende l'oscuro (se non la morte), è segnale di un rimosso non soltanto matericamente fisico, come il sangue e le urine, ma legato alle pulsioni più intime. Così, dopo aver iniziato a trattare le proiezioni oscure che legano i rituali religiosi e pagani e i suoi sacerdoti come in *The Grand Cardinal* (p.73) e *El Gran Cabron* (p.75), arrivando a riconoscere le qualità prive di sostanza e quindi "irreali", provenienti dai mondi celesti quanto infernali, da *La Caridad del Cobre* (p.71) al *Dark Angel* (p.82), l'artista si avvicina rapidamente all'ombra della croce e del Cristo. Senza spaventarsi, mette in luce la personalità inferiore e pagana che una prospettiva sacrale, come può essere quella delle cerimonie tribali ed estatiche vudù e candomblé, in Africa e in Brasile, può comportare in una rivelazione iconografica diversa, quella che vede come protagonista sacrificale il serpente, incarnazione del diavolo: *The Snake* (p.93). Se si pensa inoltre che il rettile, nel deserto, preannuncia l'avvento del Salvatore, con questa immagine che non è una *silhouette*, ma una realtà pienamente illuminata, quindi "vera", Serrano sembra voler anticipare un "altro" valore del sacrificio sulla croce. Questo è connesso alla simbologia dell'animale che, oltre a rimandare alla verginità nelle culture della Mesopotamia e del Messico, è figura complementare del fallo divino[5]—e di conseguenza, nei racconti religiosi che trattano delle vicende di Adamo ed Eva sulla terra, immagine di tentazione e di peccato.

Tale prospettiva è basata sul calco negativo dell'ombra. Serrano pone visualmente una domanda: se il Cristo è "immagine del Dio invisibile", come è detto nella Bibbia di Gerusalemme (Col. 1, 15), quale è allora l'invisibile del Cristo? Quale aspetto della sua identità è stato rimosso e scisso? Dove può avvenire la sua integrazione, così che lo sguardo dell'artista possa acquisire una maturità conoscitiva e psicologica? Quale parte può essere assunta così da divenire "organica" e non risultare quindi una mera aggiunta?

Se si ripercorre la storia dell'iconografia di Cristo alla ricerca della parte nascosta, la ricognizione porta inevitabilmente a focalizzarsi sulla parte centrale del suo corpo, quella sistematicamente coperta dal perizoma o da una flessione del torso o delle gambe: il sesso. Tale parte dinamica e energetica, che costituisce il momento strutturale della persona e dell'individualità, è solo accennata, ma mai mostrata, come se fosse per il rituale rappresentativo dell'arte una componente oscura e negativa. Dando un pene al corpo di Cristo, Serrano la integra e nella sequenza del trittico, dove il Crocifisso è fotografato, l'artista dà dignità a tutte le sue componenti irripetibili e uniche nell'assunzione del sacrificio: la testa in *Ecce Homo* (p.97), il pene in *Sacramentum*, e i piedi per sostenerne il corpo in *The Nail* (p.101) Che la componente sessuale del Cristo sia un simbolo positivo ed energetico della comunicazione religiosa è stato ampiamente dimostrato, nel 1983, da Leo Steinberg in *La sessualità di Cristo nell'arte*

rinascimentale e il suo oblio nell'epoca moderna*[6], in cui lo storico ripercorre le tappe dell'iconografia cristiana dal Rinascimento al Barocco attestando e illustrando i vari gradi di rimozione dovuta all'imposizione o al pudore di coprire i lombi del corpo nudo, sacro o laico. Il fatto che Serrano intitoli questa immagine "ricostruita" con il termine *sacramentum* è testimonianza di un approccio iconico che intende sottolineare come l'immagine di Cristo, professata nei secoli, sia stato un rituale, istituito dall'arte quanto dalla Chiesa nella rappresentazione del corpo di Cristo. Un accostarvisi secondo un metodo diverso in ogni epoca storica, tanto che la raffigurazione positiva del pene di Gesù bambino differisce radicalmente da quella in cui l'organo del Cristo in croce è occultato e perciò proposto come negativo e peccaminoso. Di fatto la delicatezza del sesso dell'infante è esaltata, quale componente importante della sua umanità, ragione del suo sacrificio in terra in nome del divino. Un'ostentazione che ne dimostra l'assenza di peccato e il carattere di energia e di speranza, positivo e nuovo, che scompaiono con il sacrificio, sia in ragione della morte, sia in relazione al carattere disdicevole e scandaloso della presenza del sesso. Cristo appare denudato, ma il suo "valore" è simbolicamente affidato alla parte superiore del corpo, la testa in *Ecce Homo*, mentre il peso carnale è lasciato al basso, là dove sono i piedi che toccavano la terra, *The Nail*. A questa mancanza di una parte fondamentale dell'esserci, l'organo sessuale, sopperisce Serrano, unendosi alla ridotta schiera di artisti cristiani, da Andrea Mantegna a Lucas Cranach, da Albrecht Dürer a Hans Schäufelein, da Ludwig Krug a Maerten van Heemskerck[7], che al Cristo hanno attribuito un'erezione, seppur nascosta dal drappeggio, e non sono stati considerati blasfemi e sacrileghi. Di fatto la loro rappresentazione integrava l'ombra sotto il perizoma, quella tumescenza fallica che viene resa palese e dichiarata, e ne faceva un simbolo di insurrezione e di esistenza umana, attraverso cui Cristo si qualificava come figlio di Dio in terra. Anche Serrano ripercorre questa ostentazione dei genitali con l'intenzione di riannodare il filo spezzato tra le polarità del sacro e del laico, del credente e dell'ateo, dello spirituale e del carnale. Disobbedisce alle regole, come aveva fatto per il *Piss Christ*, ma lo fa per forte credenza nel sacro, non come ritualità vuota e ripetitiva, altamente liturgica, bensì quale esperienza del vero. È un'ulteriore prova di candore, non di perfidia e di blasfemia, ma di riflessione sulla componente invisibile della logica rappresentativa del Cristo, che naturalmente implica il rischio di vedere sorgere un'ennesima discussione in seno alla comunità dei credenti ortodossi che non riescono ad accettare l'interpretazione carnale di un Dio fattosi essere umano: "E il Verbo si fece carne"[8].

Certamente *Sacramentum*, è una provocazione, nel senso che provoca un ripensamento sulla teologia dell'icona, la spinge fuori dagli schemi rassicuranti e collaudati dei rituali figurali occidentali e diventa specchio, dunque riflesso di un ideale che va ripensato e ampliato, per privarlo di una "copertura" che non permette l'irruzione della vita con i suoi effetti capaci di mettere in discussione la verginità del verbo: *Maddalena* (p.19). E se la componente iconoclasta può fuorviare, il sentimento religioso di Serrano è autentico: "Molti sembrano avere la falsa impressione che io sia anti-religioso e in modo specifico anti-cristiano. Voglio subito chiarire una cosa: sono un cristiano e sono un artista, e in quanto cristiano ho il diritto di usare i simboli della Chiesa perché sono i simboli della mia fede. Mi è stato chiesto: 'Perché non fai qualcosa sulla Torà o sull'Islam' e io ho risposto 'perché non sono la mia fede'. Non ho rapporti con nessun'altra religione a parte il Cristianesimo. Ho avuto un'educazione cattolica, sono stato battezzato da piccolo e ho ricevuto la mia Prima Comunione a 10 anni e quindi la Cresima a 12. Nell'animo mi sono sempre sentito vicino alla Chiesa e al Cristianesimo anche se sono molti anni che ho smesso di andare in Chiesa. Oggi le frequento solo in Europa, più per motivi estetici che spirituali, perché non penso sia necessario andarci per pregare o trovare Dio. La cosa che più mi turba è che alcune persone mi vedono come una sorta di eretico da romanzo o fanatico anti-cristiano. A molte di queste non interessa guardare il mio lavoro per ciò che è e si fissano invece su ciò che non è. Non è comunque un attacco a Dio o alla Chiesa, ma anzi una celebrazione di entrambi. Non solo credo in Dio, ma credo anche nell'arte religiosa e nella bellezza e potenza di tale'"[9].

Tuttavia se, come scriveva Florenskij, "l'autentico significato dell'icona è

4 Roger Denson, *How Andres Serrano's* Piss Christ *Reconciles Nature and Civilization*,

in http://www.huffingtonpost.com/g-roger-denson/andres-serranos-piss-chri_b_852601.html, 26 aprile 2011.

5 Michel Cazenave (a cura di), *Encyclopédie des Symboles*, Le livre de poche, Paris 1996, pp. 622-629.

6 Leo Steinberg, *The Sexuality of Christ in Renaissance Art and Modern Oblivion*, Random House, New York 1983 (trad. it. di Francesco Saba Sardi, Il Saggiatore, Milano 1986).

7 Leo Steinberg, *op. cit.*, pp. 82-96.

8 Vangelo: Gv 1:1-18

9 Lauren Haimelin, *Interview with Andres Serrano*, in http://www.luxe-immo.com/fiche-artiste-en-433-andres-serrano.html.

l'incarnazione"[10], l'immagine di Cristo e dei suoi discepoli va rimodellata sulla carne e sul sangue che rappresentano la messa in scena di una divinità condivisa dall'essere che, fattosi umano, si è sacrificato per il mondo. In tal senso la raffigurazione critica di Serrano—come quella dei grandi pittori rinascimentali, da Leonardo a Paolo Veronese, da Hieronymus Bosch a Matthias Grünewald—arriva a includere gli apostoli che in *The Last Supper* (pp.28-29) escono dalla loro mitologia e sono testimoniati, come era al tempo di Cristo, da persone comuni. L'opera di Serrano esce perciò dall'accettazione metafisica del mito, legato a queste personalità, ed entra in una quotidiana evidenza di gesti banali e semplici, affidati a figure comuni.

Una fotografia quale specchio fedele e volgare—da *vulgus*, popolo—che tende a reintrodurre la vita nell'iconografia religiosa. Per questo motivo la serie di *Holy Works*, 2011, è manifestazione assoluta di un vivere, che comprende tutto quello che era rimasto fuori scena, come il *Corpus Christi* (p.47) in cui l'essere sanguinante e ferito trova una sua alterità rimossa nel corpo di un giovane segnato dalla potenza del suo corpo nudo. Qui, più che altrove, si ricompone l'unità di alto e basso, di umano e sacro. Un intreccio che è parte della vita quotidiana dell'artista: "Provo un grande senso di riverenza nei confronti della mia fede e infatti a casa mia sono circondato da dipinti, sculture e opere d'arte cristiana che risalgono al periodo tra il 12° e il 17° secolo. Mi piace molto essere attorniato da queste opere cristiane del passato—la mia casa è una sorta di incrocio tra una chiesa e un museo medievale"[11]. Le sue immagini rimettono in circolazione l'equivalenza del sopra e del sotto, della testa e del busto con l'organo sessuale, ricompone la "sostanza di Dio". Scoprendo l'illusorietà del rimosso e dell'escluso, Serrano rompe la fissità della rappresentazione di madonne e santi e suggerisce il fulgore della luce interna, quella interiore. Soltanto che gli interni non sono spirituali, ma carnali e umani. Emettono sangue, *Blood Madonna* (p.49) e *St. Anthony's Blood* (p.53); si manifestano con urla disumane, *Christ: The Scream* (p.61); o ancora mostrano il costato di San Sebastiano, ma percepito specularmente, dall'interno, *St. Sebastian* (p.65). Al tempo stesso la figura del femminile, sempre negata rispetto alla gerarchia del maschile, in Serrano diventa veicolo di massima apertura al mondo, perché rende visibile le infinite "maternità" che danno vita al destino dell'umanità. Ecco allora declinata l'esibizione di un allattamento o di una comunicazione carnale tra iconografia sacra e etnia, da *African Madonna* (p.67) a *La Chinoise Madonna* (p.59).

L'altro troncone dell'edificio rappresentativo è un altro aspetto speculare dell'immagine di Dio: la morte come ingresso nell'eternità. Anche qui Serrano evita il percorso tranquillizzante e rasserenante, legato al rimosso, e fa esistere la morte nelle sue fotografie. Sia che la ritragga in *The Morgue*,[12] sia che la documenti con un altro interdetto, la merda, in *Shit: an investigation*, 2008[13]. Entrambe riguardano il transito del vitale nel residuo sterile, sono evacuati, per motivi di paura e di igiene. Come per il sesso di Cristo, anche questi sono da considerarsi "ombre" a cui dedicare attenzione, perché evidenziano il nostro destino. Assunte non sono più negative, ma si offrono come visione scatologica della fine, quindi della resurrezione futura. Questo ribaltamento del percorso sublimante nella pienezza dell'esserci, come esempio de-sublimante[14], connesso alla perdita e allo spurgo, ricorda che le immagini sono doppi, prolungamenti fisici della carne: effigi di chi transita nel tempo e nello spazio, ma che è minacciato di sparizione. E siccome Serrano è interessato al nucleo ombroso e latente, quindi perverso, che determina le coordinate religiose ed etiche, fisiche e spirituali, non meraviglia che tutto il suo lavoro si sia sempre rivolto all'universo caotico dell'esistere umano e sociale, dove regnano la diversità e la mescolanza, tipiche del processo di "omogeneizzazione fecalizzante"[15].

La ricerca di una completezza che si trova solo nell'ombra e quindi nel rimosso, spinge Serrano a un continuo ritrovamento delle complementarità che albergano quasi sempre nel "mostruoso" (da *monstrum*, che significa "meraviglia"). E come l'incursione nell'iconografia del divino anche questa rischia di essere sacrilega, in quanto riguarda il tabù e il proibito; anche la sua *A History of Sex*, 1998[16], nell'arricchirla disintegra la visione dell'eros, come scambio tra due esseri. Qui i collegamenti sessuali avvengono secondo tutte le permutazioni possibili, tra femmina e maschio, tra persona e animale, tra vecchio e giovane, così che a prevalere sia ancora la pluralità dell'essere che non è solo uno, ma molti. Un catalogo di sconfinamenti genitali che assume la mescolanza come dimensione alternativa, o meglio complementare, dei rapporti umani e sociali condotti attraverso il corpo nudo o rivestito: un ulteriore passaggio profano dove a esprimersi non è più il sacrificio né il sacro, ma la condizione quotidiana dell'esperienza soggettiva ed erotica tra partner.

Il rovesciamento dei valori che tende a permettere il ritorno dell'ombra dell'eros sembra al primo stadio una distruzione degli stessi, ma al contrario è un allargamento della sua differenziazione, se non una rigenerazione. Sfugge all'omogeneizzazione e alla costrizione per pervenire ad articolazioni dove possono convivere metamorfosi e permutazioni, scambi e intrecci che contravvengono l'ordine esistente del far sesso. Scardina l'intolleranza nei confronti della perversione, come "sconvolgimento" che non danneggia le persone, ma fa parte dei loro diritti e piaceri individuali. Anche qui sembra esaltato il luciferino, ma come nella trattazione dell'iconografia sacra questi esseri umani che si mescolano con altri esseri e con gli animali sono l'immagine di una vitalità che non si ciba di rimosso, ma segue gli istinti naturali e gli impulsi primari, seppur secondari e crudi, che possono essere anche maligni. Il fondersi con un altro organismo non è segno di peccato, quindi, come il pene di Cristo, non va eliminato. Se non si può condannare il suo corpo senza rischiare di assassinarlo[17] un'altra volta, è importante accettare l'energia vitale dei corpi e la loro tensione verso tutte le possibili conoscenze genitali.

Se si accetta la mescolanza proibita dell'eros è necessario mettere in conto la soppressione di qualsiasi nozione di limite e di confine "territoriale" sul piano sociale, politico, individuale, così che si aboliscano le differenze. Per tale ragione l'universo fotografico di Serrano sembra "indifferente" agli spostamenti tematici che si esprimono nelle sue serie di immagini. Non si affida cioè a un percorso lineare di soggetti, ma si muove liberamente e intuitivamente nel reale, per far sgorgare identità che possiedono qualcosa di trasgressivo, perché sottoposte quasi sempre a proibizioni o religiose o culturali. In tale senso si possono assumere le serie, nuovamente destabilizzanti, che riguardano *Nomads*, 1990, dove si ritraggono come in una rivista di moda gli *homeless*, *The Klan*, 1990[18], in cui si raccolgono i ritratti senza volto degli anonimi incappucciati del Ku Klux Klan, fino alla esternazione fotografica dei corpi femminili ma alterati poiché sottoposti ad anabolizzanti delle *body builders* in *Big Women*, 1997[19].

Anche in questi casi Serrano lavora per far affiorare l'invisibile sociale e politico, che riguarda la strada e lo sport. Spinge lo sguardo a contemplarsi in altri "doppi" che vengono da altri mondi della nostra società umana. Li materializza e dà a ciascuno un viatico di esistenza, nuovamente senza stabilire differenza tra alto e basso, sinistra e destra, normale e abnorme. Così come non instaura demarcazioni tra ombra e corpo, spirituale carnale, sacro e profano, anche qui usa la fotografia per esplorare il rimosso rendendolo parte della società visibile.

In conclusione tutta la sua opera, dal 1983 a oggi, è un tentativo di non perdere di vista l'insostenibilità dell'ombra o delle sue *silhouettes*, che insieme ai corpi e ai contorni in positivo formano il reale: "Non manipolo le immagini in alcuna maniera. Mi limito a illuminarle e a fotografarle nel modo in cui le vedo. Quindi è tutto essenziale e molto veritiero, nel senso che sono immagini assolutamente reali"[20]. Della realtà Serrano coltiva il fascino torbido perverso per sottoporla continuamente a un lampo di luce. È infatti consapevole che, lasciato solo, il rifiuto dell'oscuro si traduce in negativo e malefico, con la conseguenza di un'anestesia dei sensi, quanto dell'intelletto. Quale doppio, seppur spaventevole, la fotografia diventa allora un modo di colmare le mancanze: una messa in luce dell'ombra per sublimarla.

10 Pavel A. Florenskij, *Le porte regali. Saggio sull'icona*, Adelphi, Milano 1977, p. 173.

11 Lauren Haimelin, *op. cit.*

12 Andres Serrano, *The Morgue*, Yvon Lambert, Paris 1993.

13 Andres Serrano, *Shit, an investigation*, Yvon Lambert, New York-Paris 2008.

14 Roger Denson, *op. cit.*

15 Janine Chasseguet-Smirgel, *Creativity and Perversion*, Free Association Book, London 1985 (trad. it di Marcello Magnino, Raffaele Cortina Editore, Milano 1987, p. X).

16 Andres Serrano, *A History of Sex*, Photology, Milano 1998.

17 Willhelm Reich, *The Murder of Christ*, Farrar, Straus & Giroux, London 1972 (trad. it. di Marco Amante, Sugar editore, Milano 1972).

18 Andres Serrano, *America*, Taschen, Köln 2004.

19 Andres Serrano, *Big Women*, Marco Noire, Torino 1997.

20 Germano Celant, *op. cit.*, intervista inedita.

"La prima volta che vidi *Piss Christ* non potevo credere che esistesse. Era meraviglioso, scioccante, terrificante, concettualmente brillante, e in qualche modo trasmetteva i miei stessi sentimenti riguardo a Dio in modo più vero di qualsiasi altra cosa avessi mai visto o letto o sentito. Si tratta del più grande pezzo singolo di arte religiosa realizzato dal Rinascimento a oggi ed è stato fonte di ispirazione e di stimolo nel mio stesso lavoro, soprattutto il mio libro *L'Ultimo Testamento della Sacra Bibbia,* nel senso che la mia opera non esisterebbe senza di esso e che mi ha fatto sentire la responsabilità di dover aspirare allo stesso livello di potenza e grandezza".

James Frey

Tratto da

L'Ultimo Testamento della Sacra Bibbia

DI JAMES FREY[1]

Non hai risposto alla mia domanda.
Semplicemente non ti ho dato la risposta che volevi.
Jacob si alzò e disse che sarebbe tornato di lì a un'ora,
e lui e Jeremiah si avviarono verso la porta.
Ben parlò.
Ti voglio bene, Jacob. E apprezzo la cura
e l'interesse che hai mostrato per me.
Jacob si fermò e si guardò indietro e sorrise quasi,
e sarebbe stata la prima volta che lo vedevo
sorridere da quando era venuto nel mio ufficio, e disse grazie,
e lui e Jeremiah se ne andarono.
Ben mi guardò.
Ha parlato con il mio dottore.
Sì, ci ho parlato. È stato molto interessante, e molto istruttivo.
Che cosa ne pensa?
Le parole della scienza non significano niente di fronte a Dio.
Ben sorrise.
Potrebbe essere solo una disfunzione del mio cervello.
Che cosa sai del Messia?
Del Messia?
Del Messia. Non tutti credono che sarà una persona.
Molti credono, come credono in base ad ampie sezioni della Torah, che la storia
e la profezia del Messia siano simboliche, e non riguardino una persona concreta,
che potrebbe essere vissuta, che potrebbe essere attualmente viva,
o potrebbe a un certo punto aggirarsi tra noi,
ma che parlino in realtà di un periodo di tempo, un'età messianica in cui gli ebrei,
e il resto del mondo, vivranno in pace.
Lei ci crede?
No.

---

1 James Frey, *L'Ultimo Testamento della Sacra Bibbia,* traduzione di Bruno Amato, Guanda, Milano 2011, pp. 96-97.

Biografia

Andres Serrano è nato nel 1950 a New York. Ha frequentato il Brooklyn Museum Art School dal 1967 al 1969, dove ha studiato pittura e scultura.

Insieme a quello di Robert Mapplethorpe, il nome di Andres Serrano si è trovato al centro della "guerra culturale" scoppiata nel 1989 negli Stati Uniti, quando la sua fotografia *Piss Christ* divenne l'argomento principale di un dibattito nazionale sulla libertà di espressione artistica e sui finanziamenti pubblici concessi a forme controverse di arte. *Piss Christ*, eterea immagine di un crocifisso immerso nell'urina dell'artista, rimane la sua opera più incompresa e controversa. Serrano ha indagato il concetto della morte nella serie *The Morgue* [L'obitorio]; ha fotografato i soggetti più diversi, tra cui membri del Ku Klux Klan e i senzatetto e nella serie *America* ha proposto una panoramica sulla società cosmopolita americana.

Andres Serrano è un artista americano internazionalmente acclamato e le sue opere sono state esposte nelle più importanti istituzioni degli Stati Uniti e all'estero. Le sue fotografie figurano in numerose collezioni private, fra cui: University of Alabama, Birmingham, Alabama, USA; Institute of Contemporary Art, Amsterdam, Olanda; Baltimore Museum of Art, Baltimore, Maryland, USA; CAPC Musée d'Art Contemporain, Bordeaux, Francia; Institute of Contemporary Art, Boston, Massachusetts, USA; National Gallery of Australia, Canberra, Australia; Art Institute of Chicago, Chicago, Illinois, USA; Museum of Contemporary Art Chicago, Illinois, USA; Fonds Regional d'Art Contemporain, Cluny, Francia; Modern Art Museum of Fort Worth, TX; Israel Museum, Gerusalemme, Israele; Spencer Museum of Art, Lawrence, Kansas, USA; Museo Reina Sofia, Madrid, Spagna; Cintas Foundation, Miami, Florida, USA; Centro Cultural Arte Contemporaneo, Città del Messico, Messico; New Museum of Contemporary Art, New York, New York, USA; Whitney Museum of American Art, New York, New York, USA; Allen Art Museum, Oberlin, Ohio, USA; Centro Andaluz de Arte Contemporáneo, Siviglia, Spagna; Museo Nacional Centro de Arte Reina Sofia, Madrid, Spagna; e il Museum of Contemporary Art, Zagabria, Croazia.

Serrano è rappresentato dalla Yvon Lambert Gallery.

Andres Serrano
HOLY WORKS

Translators
Christopher Huw Evans
Liana Rando

Editing
Anna Albano

Prepress
Lorenzo Tugnoli
Gianni Grandi

DAMIANI

Damiani editore
Via Zanardi, 376
40131 Bologna, Italy
T. +39 051 63 56 811
F. +39 051 63 47 188
info@damianieditore.it
www.damianieditore.com

Printed in december 2011 by Grafiche Damiani, Bologna, Italy.

ISBN 978-88-6208-209-9